国家出版基金项目
NATIONAL PUBLICATION FOUNDATION

中國第一歷史檔案館
福建省林則徐研究會 編

清宮林則徐檔案匯編

30

海峽出版發行集團
海峽文藝出版社

第三〇册　目録

清單	林則徐等王大臣年歲生日單	道光二十九年正月初三日 一八四九年一月二十六日 *	一
雲貴總督林則徐等奏摺	遵查滇省各屬封貯銀兩及常平倉穀數	道光二十九年正月二十二日 一八四九年二月十四日	七
上諭	著琦善閱看林則徐奏摺訊明廣和京控案定擬具奏	道光二十九年正月三十日 一八四九年二月二十二日	一六
上諭	著照林則徐所請分別獎勵捐輸踴躍官紳	道光二十九年正月三十日 一八四九年二月二十二日	一八
上諭	著照林則徐等請以楊覲調補雲南昆明縣知縣	道光二十九年二月初三日 一八四九年二月二十五日	二三

雲貴總督林則徐等奏摺	遵旨核議滇省捕務毋庸另立章程	道光二十九年二月二十日 一八四九年三月十四日	二四
雲貴總督林則徐等奏摺	滇黔兩省捐輸現已停止捐輸各員請予獎勵	道光二十九年二月二十日 一八四九年三月十四日	三一
雲貴總督林則徐清單	雲南省捐輸請獎銜名銀數清單	道光二十九年二月二十日 一八四九年三月十四日	三六
雲貴總督林則徐清單	貴州省捐輸請獎銜名銀數清單	道光二十九年二月二十日 一八四九年三月十四日	五五
雲貴總督林則徐奏摺	恭謝天恩賞賜御書福字壽字並奶餅果乾	道光二十九年二月二十日 一八四九年三月十四日	七七
雲貴總督林則徐等奏摺	請以梁金詔調補雲南府知府遺缺以鄧爾恒補授	道光二十九年二月二十日 一八四九年三月十四日	八一
雲貴總督林則徐等奏摺	請以廖惟勳調補貴陽府知府遺缺以朱逢莘補授	道光二十九年二月二十日 一八四九年三月十四日	八七
雲貴總督林則徐等奏摺	嚴鉷應迴避請調貴州普定縣知縣以邵鴻儒補調寶寧縣知縣	道光二十九年二月二十日 一八四九年三月十四日	九一
雲貴總督林則徐等奏摺	遵查滇省礦廠籌議清釐舊廠試開新礦情形	道光二十九年二月二十日 一八四九年三月十四日	九七
雲貴總督林則徐奏片	廣和京控案要證王貴自戕身故楊覲疎防請旨交部議處	道光二十九年二月二十日 一八四九年三月十四日 *	一一八

大學士穆彰阿等奏摺	會議林則徐奏迤西添移營汛兵丁籌辦經費應如所請辦理	道光二十九年二月二十五日 一八四九年三月十九日	一二三
雲貴總督林則徐題本	題銷雲州順寧二州縣道光二十七年份撥運緬寧兵糧脚價銀兩	道光二十九年三月十七日 一八四九年四月九日	一四四
雲貴總督林則徐奏片	遵查黔省礦廠開採情形	道光二十九年三月二十日 一八四九年四月十二日 *	一五三
上諭	著照林則徐等請以廖惟勳調貴陽知府以朱逢莘補鎮遠知府	道光二十九年三月二十一日 一八四九年四月十三日	一五六
上諭	林則徐保送千總林貴春箭射無準著交部照例議處	道光二十九年三月二十四日 一八四九年四月十六日	一五七
雲貴總督林則徐等奏摺	請以李峥嶸補授開化府分防安平同知	道光二十九年三月二十五日 一八四九年四月十七日	一五八
雲貴總督林則徐奏摺	委令福陞接署鶴麗鎮總兵	道光二十九年三月二十五日 一八四九年四月十七日	一六四
雲貴總督林則徐奏摺	請以豐伸署理雲南撫標中軍參將	道光二十九年三月二十五日 一八四九年四月十七日	一六七
雲貴總督林則徐等奏摺	請將滇省捐輸銀兩先行撥還歸補兩次借墊軍需款項	道光二十九年三月二十五日 一八四九年四月十七日	一七二
雲貴總督林則徐等奏摺	續獲迤西逸犯審明分別定擬情重各犯遵旨就地正法	道光二十九年三月二十五日 一八四九年四月十七日	一七八

雲貴總督林則徐奏片	滇省道光二十八年秋審新事常犯勘無冤抑	道光二十九年三月二十六日 一八四九年四月十八日	一八九
吏部尚書文慶等奏摺	請將雲貴總督林則徐降一級留任例准抵銷	道光二十九年三月二十八日 一八四九年四月二十日	一九一
軍機大臣載銓等奏摺	會議林則徐等奏查勘滇省礦廠情形均係核實辦理並酌改章程	道光二十九年四月二十三日 一八四九年五月十五日	一九五
雲貴總督林則徐等奏摺	普洱府屬他郎廳督辦開採請酌更營制以資彈壓而重邊防	道光二十九年四月二十七日 一八四九年五月十九日	二〇七
雲貴總督林則徐等奏摺	訪獲舊日盜挖礦廠人犯飭解審辦情形	道光二十九年四月二十七日 一八四九年五月十九日	二一七
雲貴總督林則徐等奏摺	剿辦騰越廳卡外野民滋擾情形	道光二十九年四月二十七日 一八四九年五月十九日	二二五
雲貴總督林則徐等奏摺	遵察張恩溥面頰微動而吏治明練堪以差委	道光二十九年四月二十八日 一八四九年五月二十日	二三六
雲貴總督林則徐等奏摺	請協撥辛亥年滇省銅本銀兩	道光二十九年四月二十八日 一八四九年五月二十日	二四〇
上諭	著照林則徐等請以李峥嶸陞補雲南開化府分防安平同知	道光二十九年閏四月初九日 一八四九年五月三十日	二五一
雲貴總督林則徐奏片	捐輸知縣杜浩請歸部儘先選用或改歸雲南儘先補用	道光二十九年閏四月初九日 一八四九年五月三十日 ※	二五二

雲貴總督林則徐等奏摺	鎮雄州民尹老四連殺五命審明正法	道光二十九年閏四月二十八日 一八四九年六月十八日	二五五
雲貴總督林則徐等奏摺	保山縣城内回民移置官乃山一年察看情形妥協可期相安	道光二十九年五月初六日 一八四九年六月二十五日	二六四
雲貴總督林則徐奏摺	請以劉定泰陞補貴州威寧鎮標中軍遊擊	道光二十九年五月初六日 一八四九年六月二十五日	二七四
雲貴總督林則徐等奏摺	雲南昆陽州知州桂文奎運銅短絀最多請旨革職勒賠	道光二十九年五月初六日 一八四九年六月二十五日	二七八
雲貴總督林則徐奏片	雲南東川營左軍守備張斌衰庸難膺預保請旨勒令休致	道光二十九年五月初六日 一八四九年六月二十五日 *	二八四
上諭	著照林則徐等奏分別奬勵賜恤剿辦騰越卡外野民出力各員弁	道光二十九年五月十三日 一八四九年七月二日	二八六
上諭	著照林則徐等奏照海疆捐輸章程奬勵辦理賑務各官紳	道光二十九年五月十三日 一八四九年七月二日	二八七
雲貴總督林則徐奏片	滇省籌捐接濟請准事竣援直隸成案照海疆捐輸章程鼓勵	道光二十九年五月十三日 一八四九年七月二日 ※	二八八
雲貴總督林則徐奏摺	舊疾屢發請假調理	道光二十九年五月十四日 一八四九年七月三日	二九一
雲貴總督林則徐題本	請以尹守仁承襲雲南浪穹縣屬鳳羽鄉土巡檢	道光二十九年五月二十一日 一八四九年七月十日	二九六

雲貴總督林則徐等奏摺	遵旨查明黔省文武員弁緝捕情形無庸另議章程	道光二十九年五月二十八日 一八四九年七月十七日	三〇二
雲貴總督林則徐奏摺	病勢劇增難冀醫痊請開缺回籍調理	道光二十九年六月十七日 一八四九年八月五日	三〇七
上諭	林則徐奏東川營左軍守備張斌年力就衰著勒令休致	道光二十九年六月二十七日 一八四九年八月十五日	三一二
上諭	林則徐等奏桂文奎領運銅觔虧短著革任勒賠追繳	道光二十九年六月二十七日 一八四九年八月十五日	三一三
上諭	著照林則徐所請以劉定泰陞補貴州威寧鎮標中軍遊擊	道光二十九年六月二十七日 一八四九年八月十五日	三一四
上諭	著准林則徐賞假一月安心調理	道光二十九年七月初一日 一八四九年八月十八日	三一五
上諭	著准林則徐開缺回籍安心調理	道光二十九年七月二十四日 一八四九年九月十日	三一六
前任雲貴總督林則徐奏摺	恭謝天恩准開缺回籍調理	道光二十九年八月二十六日 一八四九年十月十二日	三一七
上諭	具奏錯字自行糾正林則徐程矞采著一併交部察議	道光二十九年九月二十日 一八四九年十一月四日	三二一
前任雲貴總督林則徐奏片	彙繳近年奉到硃批奏摺	道光二十九年十月初三日 一八四九年十一月十七日 ※	三二二

上諭	著照林則徐等奏分別獎勵捐輸踴躍官紳	道光二十九年十月十三日 一八四九年十一月二十七日	三二三
大學士穆彰阿等奏片	會議程矞采奏迤西籌補軍費應如所奏辦理	道光二十九年十一月十五日 一八四九年十二月二十八日 *	三三一
雲貴總督林則徐等奏片	密保舉永昌府知府張亮基可兼轄迤西及統轄滇省	道光二十九年 一八四九年 *	三三六
閩浙總督劉韻珂等奏片	林則徐已到籍病尚未痊籲懇聖主節哀	道光二十九年 一八四九年 *	三三九
原任雲貴總督林則徐奏摺	虔籲聖主節哀	道光三十年三月初三日 一八五〇年四月十四日	三四〇
上諭	著劉韻珂等查明林則徐陳慶鏞是否在籍能否來京候簡具奏	道光三十年三月三十日 一八五〇年五月十一日	三四四
大學士管理兵部事務耆英等題本	林則徐豫保范成章掣籤普洱鎮標左營守備題請發給劄付	道光三十年四月十四日 一八五〇年五月二十五日	三四五
清單	大學士部院大臣保舉部院外任及在籍各官名單	道光三十年四月二十八日 一八五〇年六月八日 *	三五一
上諭	著劉韻珂等傳旨飭令林則徐迅速北上聽候簡用	道光三十年五月初三日 一八五〇年六月十二日	三七一
給事中曹履泰奏片	請飭令林則徐趕緊來京協辦夷務專辦直隸水利	道光三十年五月初三日 一八五〇年六月十二日	三七二

上諭	著各該督撫傳旨飭令所保林則徐等員迅速來京候簡	道光三十年五月初七日 一八五〇年六月十六日	三七四
福建巡撫徐繼畬奏片	傳旨飭令林則徐進京候簡該員疝氣未痊一俟痊愈即行進京	道光三十年五月二十八日 一八五〇年七月七日 *	三七六
欽差大臣林則徐奏摺	遵旨由籍馳赴廣西力疾起程日期	道光三十年九月二十九日 一八五〇年十一月二日	三七九
福建道監察御史富興阿奏摺	請迅發廷寄催令林則徐作速任事並軍營摺報俱用清文	道光三十年十月初三日 一八五〇年十一月六日	三八六
欽差大臣林則徐奏摺	馳赴廣西軍營途次忽得重病情形	道光三十年十月十九日 一八五〇年十一月二十二日	三九〇
欽差大臣林則徐奏摺	病危難起將欽差大臣關防謹封恭繳	道光三十年十月十九日 一八五〇年十一月二十二日	三九四
福建巡撫徐繼畬奏摺	欽差大臣林則徐於廣東普寧縣病故	道光三十年十月二十五日 一八五〇年十一月二十八日	三九九
上諭	罪穆彰阿耆英硃諭	道光三十年十月二十七日 一八五〇年十一月三十日	四〇五
兩廣總督徐廣縉奏摺	欽差大臣林則徐在途因病出缺請另旨簡放重臣	道光三十年十月二十七日 一八五〇年十一月三十日	四〇九
兩廣總督徐廣縉咨呈	遞送軍機處發交欽差大臣林則徐夾板公文各件	道光三十年十一月初八日 一八五〇年十二月十一日	四一四

禮部尚書惠豐等奏摺	前任雲貴總督林則徐病故其應否與謚請旨定奪	道光三十年十一月二十七日 一八五〇年十二月三十日	四一七
兩廣總督徐廣縉奏摺	委員賫送欽差大臣關防交李星沅祇領並籌辦廣東軍務情形	道光三十年十一月二十九日 一八五一年一月一日	四二二
大學士卓秉恬等奏摺	謹擬林則徐謚號恭呈御覽欽定	道光三十年十二月初五日 一八五一年一月六日	四二七
大學士卓秉恬等清單	林則徐謚號清單	道光三十年十二月初五日 一八五一年一月六日	四三〇
陝甘總督琦善奏片	林則徐奏稱雍沙番族勾引果洛克番族搶劫滋擾屬實	道光三十年 一八五〇年 *	四三一
上諭	著准林則徐入祀雲南名宦祠	咸豐元年七月二十日 一八五一年八月十六日	四三三
大學士管理禮部事務杜受田等奏摺	張亮基等奏林則徐入祀雲南名宦祠名實相副請准入祀	咸豐元年七月二十日 一八五一年八月十六日	四三四
大學士祁寯藻等奏摺	會議前任御史張廷瑞奏新疆兵餉酌量變通各條多不可行	咸豐元年九月十九日 一八五一年十一月十一日	四四〇
上諭	著准陝西紳民擇地捐建林則徐專祠	咸豐二年二月二十二日 一八五二年四月十一日	四五九
兩江總督怡良等奏片	林則徐練勇不宜他省編修林汝舟可毋庸帶往	咸豐三年三月十三日 一八五三年四月二十日 ※	四六〇

光禄寺卿宋晉奏片	密陳請破格編修林汝舟權攝司道等官	咸豐三年九月初六日 一八五三年十月八日 *	四六三
上諭	密諭葉名琛設法控制駕馭英軍勿貽後患	咸豐七年正月二十六日 一八五七年二月二十日	四六五
上諭	著禮部議奏御史汪朝棨奏請於江蘇建林則徐專祠摺	同治四年六月初九日 一八六五年七月三十一日	四六八
直隸總督李鴻章咨呈	林則徐原奏因卷房坍塌卷宗霉爛檢查無獲咨呈軍機處	同治十二年正月二十六日 一八七三年二月二十三日	四六九
直隸總督李鴻章咨呈	照録林則徐道光十九年籌議漕務原奏咨呈軍機處	同治十二年三月初九日 一八七三年四月五日	四七三
直隸總督李鴻章咨呈	照録原任兩廣總督林則徐籌議漕務原奏	同治十二年三月初九日 一八七三年四月五日	四七六
上諭	著李鴻章查照林則徐條奏畿輔水利原奏體察情形酌度辦理	同治十二年四月初二日 一八七三年四月二十八日	四八〇
御史汪朝棨奏片	請將林則徐於江蘇建立專祠並入祀江蘇名宦祠	同治十三年 一八七四年 *	四八一
上諭	著准於江寧地方建立林則徐專祠以彰藎績	光緒八年六月初三日 一八八二年七月十七日	四八五
兩江總督左宗棠奏摺	請將陶澍林則徐於江寧省城合建專祠以彰藎績	光緒九年正月二十二日 一八八三年三月一日	四八六

清單　林則徐等王大臣年歲生日單
道光二十九年正月初三日

遵
旨查開王大臣年歲生日單

惠親王綿愉年三十六歲二月二十七日生日
禮親王全齡年三十三歲十一月初八日生日
睿親王仁壽年四十歲三月初六日生日
鄭親王端華年四十三歲十月初十日生日
豫親王義道年三十一歲三月十一日生日
肅親王敬敏年七十七歲十二月二十三日生日
莊親王奕仁年二十七歲十月十三日生日
怡親王載垣年三十四歲八月二十六日生日
端郡王奕誌年二十三歲九月十一日生日
克勤郡王慶惠年三十一歲十月初六日生日

清單　林則徐等王大臣年歲生日單
道光二十九年正月初三日

順承郡王春山年五十歲四月初一日生日
定郡王載銓年五十六歲八月二十二日生日
成郡王載鋭年四十五歲正月二十一日生日
大學士穆彰阿年六十八歲十二月二十九日生日
大學士潘世恩年八十一歲十二月二十一日生日
大學士耆英年六十三歲二月初二日生日
大學士卓秉恬年六十八歲四月二十四日生日
協辦大學士總督琦善年六十三歲十二月十九日生日
協辦大學士尚書陳官俊年六十八歲四月二十二日生日
尚書文慶年五十四歲三月二十三日生日
尚書賽尚阿年五十二歲五月二十日生日
尚書祁寯藻年五十七歲六月初四日生日

清單　林則徐等王大臣年歲生日單
道光二十九年正月初三日

尚書成剛年七十六歲九月初十日生日
尚書賈楨年五十二歲九月二十二日生日
尚書保昌年七十六歲八月十七日生日
尚書魏元烺年七十一歲十二月二十二日生日
尚書阿勒清阿年七十四歲十二月二十七日生日
尚書李振祜年七十三歲五月十一日生日
尚書特登額年七十一歲二月初六日生日
尚書杜受田年六十三歲九月初三日生日
尚書吉倫泰年五十七歲正月十九日生日
左都御史柏葰年五十四歲十二月二十一日生日
左都御史孫瑞珍年六十七歲二月初六日生日
都統將軍薩迎阿年六十九歲五月二十四日生日

清單　林則徐等王大臣年歲生日單
道光二十九年正月初三日

都統那遜巴圖年三十四歲十一月初五日生日
都統中山年七十三歲正月初三日生日
都統綿岫年六十九歲十二月二十日生日
都統僧格林沁年三十九歲六月初五日生日
都統車登巴咱爾年三十三歲七月十四日生日
都統祿普年六十六歲四月二十日生日
總督訥爾經額年六十七歲七月十七日生日
總督李星沅年五十三歲六月十四日生日
總督布彥泰年五十九歲五月二十八日生日
總督劉韻珂年六十歲十二月十九日生日
總督裕泰年六十二歲十一月十二日生日
總督徐廣縉年五十三歲六月初八日生日

清單　林則徐等王大臣年歲生日單
道光二十九年正月初三日

總督林則徐年六十五歲七月二十六日生日
將軍奕興年三十七歲二月初二日生日
將軍倭什訥年四十九歲六月十八日生日
將軍英隆年五十七歲七月十三日生日
將軍札勒罕泰年六十歲八月初五日生日
將軍舒倫保年六十五歲二月初二日生日
將軍祥厚年四十九歲九月二十九日生日
將軍奕湘年五十四歲五月十九日生日
將軍台湧年六十一歲十二月初十日生日
將軍穆特恩年六十七歲八月十六日生日
將軍裕瑞年四十六歲十月二十五日生日
將軍裕誠年五十九歲六月二十六日生日

将軍托明阿年六十二歲九月初九日生日

将軍特依順年六十五歲六月初六日生日

察哈爾都統雙德年七十歲十一月初三日生日

熱河都統惠豐年七十三歲六月十五日生日

烏嚕木齊都統惟勤年六十二歲六月初七日生日

致仕大學士阮元年八十六歲正月二十日生日

雲貴總督林則徐等奏摺　**遵查滇省各屬封貯銀兩及常平倉穀數**

雲貴總督林則徐等奏摺　遵查滇省各屬封貯銀兩及常平倉穀數

道光二十九年正月二十二日

雲貴總督臣林則徐
雲南巡撫臣程矞采　跪

奏為遵
旨查明滇省各屬庫封貯銀兩已於嘉慶年間提撥
兵餉現在並無分貯其額存常平倉穀內有軍
需動用報銷俟歸獲價銀應否酌留藩庫再行
核辦恭摺奏祈
聖鑒事竊於道光二十八年十一月二十二日准戶
部咨奉
上諭給事中張修育奏請查各直省分貯銀兩又請
將各直省州縣存穀價銀酌歸藩庫各一摺著各
直省督撫府尹悉心核議自行專摺具奏原摺二
件併發欽此行滇欽遵辦理查滇省封貯急需銀

兩一款原存藩庫銀四十八萬五千三百四十二兩零分貯各府廳州庫銀一萬八千兩共存銀五十萬三千三百四十二兩零自嘉慶二年以後節次奉部提撥兵餉及黔楚興義四川並滇黔猓黑狆猫等案軍需除分貯各府廳州庫銀一萬八千兩已全數提撥并動撥藩庫封貯銀四十七萬一千五兩零外僅存藩庫封貯銀一萬四千三百三十六兩零嗣照部議於收捐監生銀内相間提補復又旋補旋撥計至上年十二月底止封貯項下提補併同舊存共銀二萬六千七百二十兩又籌邊備貯款内銀七千兩共存銀三萬三千七百二十兩係屬實貯藩

庫其各府廳州庫封貯銀兩前已奉撥無存現在並無分貯至滇省常平倉穀一款各府廳州縣額貯常平穀蕎共七十萬一千五百石又有未載等則及加買積貯倉穀青稞共十三萬四千五百六十八石零又寧洱等廳縣買存備貯穀三萬石又溢額穀蕎三萬一千二百九十餘石除溢額穀蕎係應隨時變價報撥充餉外計存常平及備貯等項穀蕎青稞共八十六萬六千六十八石零内有道光二十七年分各屬借放囚糧穀七千八百一十六石零現已飭催領買還倉又嘉慶四年清查案内各員虧短未追除已獲價買補外尚未追獲買補穀一萬三千

六百二十五石零又嘉慶五年清查案内各員
短缺穀石經部議飭由滇省自行追辦不得於
奏銷盤查册内登造牽混除已獲價買補外尚
未追獲買補穀十三萬四千五百三十九石零
疊經分别咨追應俟追繳買補又歷任各州縣
交代盤折計價解存糧庫尚未買補穀一萬九
千三百八十六石零又道光十三年地震災賑
案内存價未買嵩明尋甸二州動用倉穀七千
一百五石零又道光二十五六七八等年永順
雲緬保山等處軍需案内動用倉穀八萬五千
八百七十九石零外現應實存常平備貯穀蕎
青稞五十九萬七千七百十八石零由藩司趙

雲貴總督林則徐等奏摺　遵查滇省各屬封貯銀兩及常平倉穀數
道光二十九年正月二十二日

光祖糧道王貽桂查明具報前來臣等查永順
雲緬保山等處軍需動支經費業經先後
奏准在於滇省官紳捐款暨滇黔兩省捐輸並鹽
課溢餘留半備充邊費各銀内分別歸還其動
用倉穀共八萬五千八百七十九石零照例價
合銀四萬二千九百三十九兩零亦應在前款
内劃撥歸補伏思滇省各府廳州縣常平倉穀
額貯本不甚多而且山多田少户鮮蓋藏兼係
巖路崎嶇不通舟楫每年民間青黄不接之時
尚待酌借籽種春借秋還以資接濟倘水旱偏
灾尤賴常平倉穀平糶賑䘏若積儲未裕恐遇
有急需不特發銀購買脚價倍於米價且恐附

近收買無多勢須遠道購運馱腳更屬鉅繁緩
急尤難相恃較諸他省之舟車通販隨時可以
買供者情形實有不同除歷任各州縣交代盤
折計價解存糧庫銀一萬九兩零又地震災賑
案内嵩明尋甸二州未買倉穀應存價銀三千
五百五十兩零二共銀一萬三千五百五十九
兩零各該州縣地方一時遽難買補應請仍將
價銀扣存糧庫其永順雲緬保山等處軍需案
内應劃撥穀價銀四萬二千九百三十九兩零
或報銷現未奉部核覆或款項尚未收獲撥還
容俟陸續歸獲核計各該倉動穀之多寡應否
將價銀酌留藩庫或應飭發買補還倉再行酌

看情形核實辦理其各屬倉儲屢經嚴飭認真
經管不得稍有虧缺惟各員交接於倉存穀石
風搧盤量所有氣頭廒底以及鼠耗盤折勢難
保其必無竊恐前任作價移交後任未經買補
均應由該管道府逐一盤查如有移價未買者
或提存司庫或督飭趕行買補貯倉亦即隨時
酌核辦理臣等惟有嚴密稽查實力籌辦務使
銀穀均歸實貯斷不敢稍存徇隱自取愆尤以
期仰副
聖主慎重倉儲之至意謹將遵
旨查議緣由恭摺具
奏伏乞

雲貴總督林則徐等奏摺　遵查滇省各屬封貯銀兩及常平倉穀數
道光二十九年正月二十二日

皇上聖鑒謹
奏
户部知道

道光二十九年正月　二十二　日

上諭 著琦善閱看林則徐奏摺訊明廣和京控案定擬具奏

軍機大臣 字寄

欽差協辦大學士四川總督琦 道光二十九年正

月三十日奉

上諭林則徐奏京控案內原告狡詐支吾具呈挾制並查有妄冀賄和情事一摺此案前經降旨令琦善馳往雲南審辦並將該原告降調知縣廣和革職矣茲據該督奏稱該革員捏病詐死堅不輸服並具呈挾制入奏希冀遷延拖累且查出該革員意圖訛詐種種刁健各情非研訊確實不足以折服其心著琦善於抵滇後將案內人證提同質訊務期水落石出毋任肆意狡展按律定擬具奏林則徐摺著鈔給閱看將此諭令知之欽此遵

至藩司趙光祖於庫項銅銀暨別種情節均要逐一訊明不可因廣和狡展遂顢預了事必要成一信讞朕料卿斷不肯瞻顧輕率故特諭之

硃

旨寄信前來

上諭　著照林則徐所請分別奬勵捐輸踴躍官紳

道光二十九年正月三十日内閣奉
上諭前據林則徐等奏官紳捐輸經費懇請奬勵當
交該部議奏兹據該部查照章程開單呈覽該官
紳等踴躍輸將自應分别加恩以昭激勸雲南候
補縣丞杜浩著以知縣不論雙單月選用仍在省
候選湖南試用府經歷胡蔭松著歸捐班前先用
並給予紀録二次候選未入流何維炘著以府經
歷分發貴州補用並給予紀録一次俊秀桑烽著
以府經歷雙月選用雲南元江州巡檢王銑著以
縣丞雙月選用仍在任候選雲南試用復設訓導
康毓華著遇缺即選俊秀丁薆克著以從九品分
發廣西補用附生白汝翼俊秀孫逢源劉道久丁

與蘭均著以從九品分發雲南補用從九品銜李
長庚著以從九品分發貴州補用俊秀曹夔著以
從九品不論雙單月儘先選用俊秀丁楚蘅著以
從九品不論雙單月選用監生晏德恩著以未入
流不論雙單月插班間選俊秀錢銖著以未入流
不論雙單月儘先選用俊秀沈濤著以未入流不
論雙單月選用翰林院修撰孫毓溎著給予隨帶
加二級雲南迤西道王發越著給予加三級雲南
候補知府文塏候補通判孫昺均著給予加一級
雲南保山縣知縣李崢嶸著給予加二級紀錄一
次雲南即用知縣韓捧日試用直隸州州判周廷
績均著給予加一級同知銜程修爵著賞加運同

銜候選知州程玉采著給予其生母五品封典雲南太和縣訓導趙杰著貤封其父母八品封典監生蕭拔士附生尹亮疇均著作爲貢生俊秀楊應文等二十名已滿吏徐在榮等三名均著給予從九品銜世襲潞江安撫司土職線如綸著賞換花翎試用衛千總武緒著仍留漕標儘先補用揀選武舉馬定邦著以營千總分發本省拔補武監生胡裕鍇著俟及歲時以衛千總不論雙單月選用俊秀趙桂徵著給予衛千總銜候選教諭杜芳壇著以復設教諭不論雙單月選用並分發試用監生周鍾秀著以未入流不論雙單月分發貴州補用廩生曾士璠著以訓導雙月選用候選從九品張

炳坤著分發貴州補用貴州試用同知陶金詒著
改發江蘇補用附生楊逢綬著以復設訓導不論
雙單月插班間選俊秀陳秉綸著以從九品雙月
選用俊秀吳庚著以按察司司獄雙月選用前任
湖北興山縣知縣劉燿藜著給予加五級紀錄三
次貴州都匀府知府鹿丕宗等二十六員均著給
予加一級貴州安平縣知縣馬純熙著給予隨帶
加一級俊秀彭顯堂著給予州同銜監生吳永年
等四名均著作為貢生俊秀梁煥章等二十五名
均著給予從九品銜武舉顏煥奎著以營千總分
發本省拔補雙月選用未入流姚繼祖著以未入
流不論雙單月分發貴州補用前任雲南順寧縣

上谕 著照林则徐所请分别奖励捐输踊跃官绅

道光二十九年正月三十日

知縣孫兆蕙著准其降捐鹽大使分發兩淮歸候補班補用餘依議單併發欽此

上諭　著照林則徐等請以楊覲調補雲南昆明縣知縣

道光二十九年二月初三日內閣奉
上諭林則徐程矞采奏揀員調補省會知縣一摺著
照所請雲南昆明縣知縣員缺准其以楊覲調補
該部知道欽此

雲貴總督林則徐等奏摺 遵旨核議滇省捕務毋庸另立章程

奏

雲貴總督林則徐等奏摺　遵旨核議滇省捕務毋庸另立章程
道光二十九年二月二十日

雲貴總督臣林則徐
雲南巡撫臣程矞采跪

奏為滇省捕務向已責成文武聯為一體近復嚴
加整飭懲勸兼施似可毋庸另立章程恭摺覆
奏仰祈
聖鑒事竊臣等准兵部咨奉
上諭御史戴絅孫奏各直省捕務請定將弁協緝章
程一摺著各督撫各就本省情形彚議具奏摺併
發欽此伏思設兵所以衛民而安民首在弭盜故
民間遇有盜案定例
題叅疎防及分限緝拏各處分均係文武並重未
嘗稍予寬假惟慮日久懈生如督責稍不加嚴
該營員等即妄思置身事外或稱偏僻村徑向

無汛防或於兩汛交界互相推諉此皆綠營積
習正不獨一處為然必須極力挽迴捕務乃有
起色況滇省為極邊之地山箐叢密本易藏奸
加以銅銀各廠砂丁類皆獷悍之徒近因廠情
疲滯更易流為盜賊又迤西連年漢回滋事外
來各匪潛迹其中伺劫焚殺無所不至而臨安
開化廣南廣西四府州向有沙民儂夷等種習
慣為盜雖經前督撫臣添設營汛籌貲緝捕而
攘竊之風究未盡熄臣等自前歲抵任以來因
盜案多未破獲屢經洊飭提鎮道府大員會督
州縣營弁擇要分兵設卡偵緝無使意存畛域
遇有報案立飭州縣移營撥兵協同捕役土練

一體跟蹤緝拏即將獲到首從幾犯起得贓物
若干隨時禀報以憑稽覈功過其有情節較重
之案並將向無承緝責任之省標弁兵亦派馳
往訪緝協力兜拴以期案無不破犯無不獲是
以二十七年夏秋以後除各屬報獲杖刺零匪
不計外實共破獲搶刦等案五十九起賊犯二
百六十餘名二十八年分除迤西專案奏辦刦
殺各犯並各屬詳辦杖刺零匪不計外實共破
獲搶刦等案八十四起賊犯三百六十餘名均
經訊供批飭招審年終彙覈開單具
奏在案臣等察看通省情形兩載以來文武員弁
尚知各顧考成不敢復蹈觀望玩延惡習内有

三〇

緝捕稍疎犯未速獲者兵役土練由本管官自
行責懲州縣營員由臣等分别撤參勒緝其專
汛武弁不獨照例
題參議處且遇贓多犯逸之案即於當時先予責
革勒令追訪盜蹤購線指拏能於限内獲犯方
予酌量開復是滇省各營將弁皆於捕務已有
責成現又經軍機大臣議奏整頓武員舊習請
於奏參各案内如遇情節較重酌加枷號遣戍
其能拏獲鄰境斬梟斬決盜犯四名以上准由
督撫臣會同提臣保奏以應升之缺即行升用
先換頂帶俟補缺時再行送部等因奏奉
諭旨通行到滇臣等遵又諄飭各標鎮將督率所屬

備弁交相勸戒如能拏獲大起盜匪即當
奏請從優鼓勵倘有膜視偷安藉端諉卸等弊一
經查出定照新例加倍懲辦臣等受
恩深重斷不敢稍任營伍廢弛亦不敢自謂思慮無
遺第體察地方情形參以目前辦法似覺頗臻
成效毋庸另立章程惟有咨會提鎮各臣嚴督
所屬隨時隨事弗懈益虔或循舊章而量為變
通或因地宜而力加整飭信賞以鼓其志嚴懲
以怵其心務使營員與州縣聯為一氣實力奉
行庶積習盡除而盜風可戢邊隅可靖以仰副
聖主整飭捕務弭盜安民之至意所有臣等遵
旨覈議緣由謹合詞恭摺具

奏伏乞
皇上聖鑒訓示謹
奏
依議

道光二十九年二月　二十　日

三〇

雲貴總督林則徐等奏摺 滇黔兩省捐輸現已停止捐輸各員請予奬勵

奏

三〇

雲貴總督林則徐等奏摺 滇黔兩省捐輸現已停止捐輸各員請予獎勵

道光二十九年二月二十日

雲南巡撫臣程矞采
雲貴總督臣林則徐 跪
署貴州巡撫臣羅繞典

奏為滇黔兩省捐輸現已停止謹將兌收銀數覈
明彙報並懇
天恩准將各捐員分別獎勵恭摺奏祈
聖鑒事竊查滇黔兩省捐輸軍費先經截至道光二
十七年年底停止嗣准部咨以軍務尚需經費
奏令接續收捐當又遵照辦理截至上年八月十
三日先將報捐各員開具銀數清冊奏懇
恩施嗣因順天捐輸
奏准展限一年湖北省亦請捐輸賑卹若滇黔兩
省仍行續捐恐彼此不無妨礙復經附片
奏明以道光二十八年年底截卯其業經具呈尚

未上兑並距省稍遠地方一時未能將銀趕到
者請照歷屆捐輸之例給予銀限一月展至本
年正月底為止各在案茲據雲南藩司趙光祖
署貴州藩司孫起端各詳稱自二十八年八月
十三日截數之後計至現在銀限滿日為止滇
省復收捐輸銀六萬八千三百九兩黔省復收
捐輸銀三萬五千二十七兩共收銀十萬三千
三百三十六兩俱各兑貯司庫循照前次章程
查明各捐輸官生履歷覈對例案造冊詳請
奏獎並聲明滇黔兩省捐輸已於此次截止等情
前來臣等查該捐員等或籍隸本省或由別省
來至滇黔報捐均屬踴躍急公情殷報効該司

等所造清冊聲請議叙覈與豫工二卯事例現
行常例及順天捐輸成案均屬相符自應懇
恩獎勵除將清冊咨送軍機處暨吏戶禮兵各部查
覈外謹繕簡明清單恭呈
御覽伏乞
聖主施恩俯准分别獎勵以昭激勸所有滇黔兩省
正續捐輸計雲南自道光二十六年五月收捐
起至二十八年年底截卯止實共收銀四十三
萬三千六百六十六兩貴州自二十七年八月
收捐起至二十八年年底截卯止實共收銀一
十一萬五千四百二兩兩省合共收銀五十四
萬九千六十八兩除將總數截算明晰另行咨

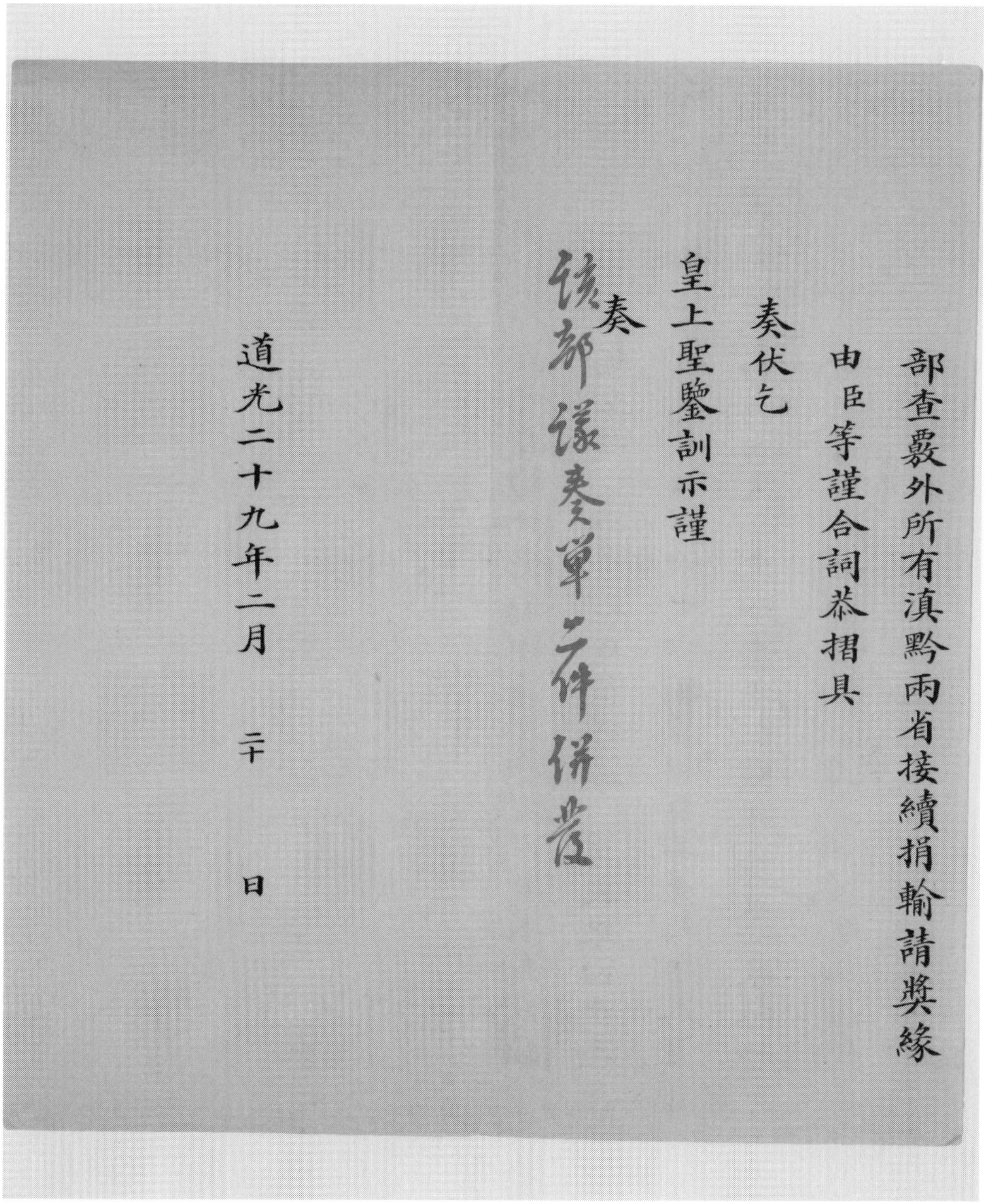
部查覈外所有滇黔兩省接續捐輸請奬緣
由臣等謹合詞恭摺具
奏伏乞
皇上聖鑒訓示謹
奏
該部議奏單一件併發
道光二十九年二月　二十　日

雲貴總督林則徐等奏摺　滇黔兩省捐輸現已停止捐輸各員請予獎勵　道光二十九年二月二十日

雲貴總督林則徐清單　**雲南省捐輸請獎銜名銀數清單**

雲南省捐輸請獎銜名銀數清單

謹將雲南省捐輸軍需經費各員繕具簡明清
單恭呈
御覽
計開
李德生河南鎮平縣人由現任雲南鎮雄州知
州捐銀一萬三百一十八兩 請開鎮雄州
本缺以知府留於雲南補用
吳銑四川達縣人由雲南試用直隸州知州捐
銀三千兩 請以知府雙月選用先換頂戴
並給予紀錄一次仍俟補缺後在任候選
崔紹中安徽太平縣人由現任雲南師宗縣知
縣獲盜以直隸州知州儘先補用捐銀七百

四十三兩　請開師宗縣本缺以直隸州知
州仍留雲南儘先補用
李因材雲南昆明縣人由州同職銜捐銀七千
六百四十六兩　請以知州分發貴州補用
陳溎雲南昆明縣人祖籍浙江由捐輸分發通
判捐銀一千一百八十四兩　請以通判分
發貴州補用並
賞加鹽課司提舉銜
文鐸鑲白旗滿洲人由請補雲南府南關通判
捐銀八百兩　請給予鹽課司提舉銜
吴榮昌陝西沔縣人現任雲南按察司經歷捐
銀七百九十兩連前案捐輸銀數併計共銀

二千二百九十两　請給予鹽課司提舉銜
將前給通判銜並加一級註銷
李丙進貴州清平縣俊秀捐銀二千六百一十
八兩　請以布政司經歷不論雙單月選用
並給予其父母應得
封典
胡慰雲南昆明縣人由九品頂戴捐銀二千八
百九十四兩　請以州同分發廣西補用並
請將本身應得
封典
貤封其祖父母
周汝椿雲南楚雄縣人由雙單月候選布政司

經歷捐銀一千四十七兩 請以布政司經
歷分發貴州歸豫工二卯例補用
陽之萃廣西靈川縣人由降補候選府經歷捐
銀六百九十四兩 請以府經歷仍留雲南
歸候補班補用
許濂順天大興縣人祖籍江蘇由現任雲南昆
陽州吏目捐銀一千七十六兩 請以府經
歷留於雲南補用
胡蔭蕃湖北荆門州附生捐銀二千一百兩
請以府經歷分發貴州分缺間用並給予紀
錄一次
李曾傅雲南昆明縣人由監生捐銀一千四百

二十六兩　請以府經歷分發貴州補用
鄧元鎬江蘇無錫縣監生捐銀一千一百七十
兩　請以府經歷不論雙單月選用
劉傑雲南會澤縣人由直隸試用縣丞捐銀一
千一百七十兩　請以縣丞遇缺即補
梁金誥浙江會稽縣人由雙月候選縣丞捐銀
六百四十六兩　請以縣丞分發貴州補用
李蔭雲南昆明縣人寄籍黑鹽井由捐輸分發
四川補用縣丞捐銀一千七十兩　請以縣
丞不論雙單月插班間選將原捐分發四川
之案註銷改為加一級
武欽臣雲南黑鹽井人由現任鄧川州訓導捐

银八百两　请以县丞不论双单月在任候
选并给予议叙加一级
赵秉焯江西南丰县人由监生捐银一千一百
七十两　请以县丞不论双单月选用
胡行达四川庆符县人由副榜就职教谕捐银
六百六十两　请以教谕不论双单月选用
并分发试用
李旭河南镇平县人由插班间选训导捐银三
百七十一两　请以训导遇缺即选
段嘉祥云南黑盐井人由增贡生捐银九百七
十两　请以训导不论双单月插班间选
黎兆勋贵州遵义县人由双单月分发候选训

導捐銀二百兩　請以訓導歸捐班前選用
仍留分發
陶意雲南南寧縣人由副榜捐銀五百二十兩
請以訓導不論雙單月選用並分發試用
馮思源順天大興縣俊秀祖籍浙江捐銀七百
四十兩
王震基順天大興縣俊秀捐銀七百四十兩
鄧履坦江蘇無錫縣監生捐銀六百三十二兩
朱學堅江蘇無錫縣監生捐銀六百三十二兩
王樹人順天大興縣監生祖籍安徽由雙單月
候選從九品捐銀三百五十二兩
以上五名均請以從九品分發雲南補用

趙世欽雲南大關廳人祖籍江西由從九品職
銜捐銀六百六十二兩
邵文進順天大興縣監生祖籍浙江捐銀六百
三十二兩
夏寶森順天大興縣監生祖籍浙江由雙單月
候選從九品捐銀三百五十二兩
朱紹庚廣西臨桂縣人由雙單月候選從九品
捐銀三百五十二兩
以上四名均請以從九品分發貴州補用
劉愬田陝西三原縣人由雙月從九品捐銀四
百九十二兩　請以從九品分發甘肅補用
陳治雲南昆明縣俊秀祖籍浙江捐銀三百九

十兩
孫炘順天宛平縣俊秀祖籍浙江捐銀四百兩
以上二名請以道庫大使不論雙單月選用
閻恆裕直隸正定縣俊秀捐銀三百八十八兩
潘萬綸四川江津縣俊秀捐銀三百八十八兩
官俊順天大興縣俊秀捐銀三百八十八兩
鄭榮增安徽旌德縣人由從九品職銜捐銀三
百一十兩
唐金壽江蘇江都縣監生捐銀二百八十兩
李承志江西南豐縣監生捐銀二百八十兩
以上六名均請以從九品不論雙單月選用
章堯文浙江烏程縣俊秀捐銀二百四十八兩

張國珍浙江山陰縣俊秀捐銀二百四十八兩
官傑順天大興縣監生捐銀一百四十兩
周嘉祥順天大興縣監生祖籍浙江捐銀一百
四十兩
以上四名均請以從九品雙月選用
李家奎江西臨川縣俊秀捐銀七百四十兩
請以未入流分發雲南補用
李天相雲南昆明縣人由布政司理問職銜捐
銀三百兩　請將本身妻室應得
封典
貤封其祖父母
楊國卿雲南南安州人由布政司經歷職銜捐

銀三百兩 請給予其父母應得

封典

林汝舟福建侯官縣人由翰林院編修捐銀六
百三十兩 請給予議敘隨帶加三級

謝樹瓊廣西臨桂縣人由禮部精膳司主事捐
銀一百二十五兩 請給予議敘加一級

鄒衍泰江蘇丹徒縣人由現任雲南尋甸州知
州捐銀五百八十兩

韓捧日廣東文昌縣人由雲南即用知縣捐銀
四百二十兩

以上二員均請各給予議敘加二級

鄧塒江蘇無錫縣人由現任雲南霑益州知州

捐銀二百九十兩
凌昆正藍旗蒙古人由現任雲南新興州知州
捐銀二百九十兩
周力墉順天宛平縣人祖籍浙江由現任雲南
趙州知州捐銀二百九十兩
馬宏圖山東荷澤縣人由雲南候補知州捐銀
二百九十兩
夏光煜浙江山陰縣人由現任雲南琅鹽井提
舉捐銀二百九十兩
丁榦順天宛平縣人由現任雲南邱北縣典史
捐銀一百三十兩
以上六員均請各給予議敘加一級

馮葆坤順天宛平縣俊秀捐銀四百八兩 請

給予布經歷職銜

鄒之楨雲南阿迷州人由附監生捐銀三百兩

請給予州同職銜

鄭吉壽雲南石屏州俊秀捐銀二百五十二兩

楊蔭椿雲南寧洱縣監生捐銀一百四十四兩

蘇郁文雲南宜良縣增生捐銀一百二十兩

以上三名均請准作貢生

起有恆雲南武定州俊秀捐銀八十兩

羅士玢雲南寧洱縣俊秀捐銀八十兩

萬世棠雲南阿迷州俊秀捐銀八十兩

袁金發雲南安平廳俊秀捐銀八十兩

一董連貴山西太平縣俊秀捐銀八十兩
一李寶珠雲南雲龍州俊秀捐銀八十兩
一熊丈魁雲南元江州俊秀捐銀八十兩
一陳復元雲南太和縣俊秀捐銀八十兩
一趙邦英雲南魯甸廳俊秀捐銀八十兩
一黎焕章雲南元江州俊秀捐銀八十兩
一趙承謨雲南阿迷州俊秀捐銀八十兩
一周佐夔江西金谿縣俊秀捐銀八十兩
一陳天保雲南新興州俊秀捐銀八十兩
一康士吉雲南新興州俊秀捐銀八十兩
一李成林雲南昆明縣俊秀捐銀八十兩
一李秉忠雲南黑鹽井俊秀捐銀八十兩

李長榮貴州遵義縣俊秀捐銀八十兩
夏同興貴州遵義縣俊秀捐銀八十兩
朱善鑒順天宛平縣俊秀捐銀八十兩
萬世箕雲南阿迷州俊秀捐銀八十兩
彭世銜江西南昌縣俊秀捐銀八十兩
吳保慶雲南昆明縣俊秀捐銀八十兩
馬繼盛雲南雲龍州俊秀捐銀八十兩
李仁和雲南雲龍州俊秀捐銀八十兩
程興遠江西新建縣俊秀捐銀八十兩
李高奎福建南安縣俊秀捐銀八十兩
趙守仁雲南昆明縣俊秀捐銀八十兩
馮葆基順天宛平縣俊秀捐銀八十兩

趙敦仁雲南昆明縣俊秀捐銀八十兩
黄章雲南鎮沅廳俊秀捐銀八十兩
祁愷雲南阿迷州俊秀捐銀八十兩
楊昭雲南賓川州俊秀捐銀八十兩
張鏊銘雲南昆明縣俊秀捐銀八十兩
詹瑞南雲南會澤縣未滿吏捐銀六十五兩
高掄元雲南會澤縣未滿吏捐銀六十五兩
樂紹清雲南邱北縣已滿吏捐銀五十兩
吴克榮雲南巧家廳已滿吏捐銀五十兩
沈建勳雲南阿迷州已滿吏捐銀五十兩
沈秉銑雲南昆明縣已滿吏捐銀五十兩
楊朝俊雲南昆明縣已滿吏捐銀五十兩

尹騰麟雲南騰越廳已滿吏捐銀五十兩
郭映山雲南騰越廳已滿吏捐銀五十兩
余萬清雲南太和縣已滿吏捐銀五十兩
李榮雲南寶寧縣已滿吏捐銀五十兩
以上四十四名均請給予從九品職銜
鄧松榮貴州興義縣武生由捐輸議敘守禦所
千總職銜捐銀四千四十兩　請以都司分
發雲南補用將原給守禦所千總職銜註銷
姬文志安徽懷寧縣人由漕標儘先補用衛千
總捐銀四百六十二兩連前案捐輸銀數併
計共銀一千四百兩　請留於漕標遇缺即
補將前給加一級儘先補用之案註銷

王鳳鳴雲南景東廳人由揀選三等武舉捐銀
三百兩　請將本身應得
封典
貤封其父母
蘇景章山西長治縣武生捐銀一百二十兩
請給予把總職銜
覽

雲貴總督林則徐清單

貴州省捐輸請獎銜名銀數清單

貴州省捐輸請獎銜名銀數清單

謹將貴州省捐輸軍需經費各員繕具簡明清
單恭呈
御覽
計開
扎拉芬鑲藍旗滿洲人由俊秀捐銀四百八十
八兩　請以筆帖式補用
鄭淑元山東樂陵縣俊秀捐銀二千三百一十
八兩　請以布政司經歷不論雙單月選用
吴儆直隸清苑縣人由貴州捐班前先用府經
歷捐銀二百五十六兩　請改發雲南仍以
府經歷歸捐班前先用
陶琮直隸豐潤縣人祖籍浙江由貴州候補從

九品捐銀一千一百五十兩　請以府經歷
仍留貴州補用
蔣嘉穀順天大興縣人祖籍浙江由雙單月府
經歷捐銀三百二十兩　請以府經歷分發
貴州補用
魏畛先湖南衡陽縣人由監生捐銀一千四百
九十兩　請以縣丞分發江西補用
熊國琛貴州普安縣人由雙單月分發縣丞捐
銀一百六十兩　請以縣丞分發雲南補用
霍維山西大同縣人由增生捐銀一千三百四
十八兩　請以訓導不論雙單月遇缺即選
周家烺貴州天柱縣人由雙單月儘先選用訓

導捐銀一百八十兩　請以訓導插班間選
周增泰貴州普安縣人由雙單月訓導捐銀一
百三十兩　請以訓導分發試用
吳治鈞貴州普安縣人由雙月訓導捐銀三百
三十兩
趙利濬直隸易州人由廩生捐銀六百五十八兩
霍綖山西大同縣人由增生捐銀七百三十六兩
以上三員均請以訓導不論雙單月選用並
分發試用
薛文焘貴州貴陽府人由附生捐銀八百四兩
請以復設訓導不論雙單月選用並分發
試用

孫俊順天大興縣人祖籍山東由監生捐銀一千一百三十二兩　請以按察司照磨分發貴州補用

史化明順天宛平縣人祖籍江蘇由雙單月按照磨捐銀三百五十二兩　請以按察司照磨分發安徽補用

曹琅安徽當塗縣人由貴州試用州吏目捐銀二百二十兩　請改發湖南仍以州吏目歸籌備例補用

湯世栟順天大興縣人祖籍江蘇由四川捐班先用從九品捐銀六百三十兩　請以從九品仍發四川遇缺即補

蔣天澤貴州鎮遠府人由監生捐銀六百三十
二兩　請以從九品分發四川補用
李昌煃貴州松桃廳人原籍湖南由監生捐銀
五百兩　請以從九品分發省分補用
蔣樹昌貴州鎮遠縣人原籍江西由雙單月從
九品捐銀二百二十兩　請以從九品分發
省分補用
廖壽常江蘇嘉定縣人由雙單月從九品捐銀
四百二十兩　請以從九品插班間選
鄭慶魁順天寶坻縣人由監生捐銀二百八十
兩　請以從九品不論雙單月選用
許棣雲南昆明縣人由已滿吏捐銀一百七十

兩 請以從九品雙月選用

王則學江蘇金匱縣人由監生捐銀一百四十

兩 請以從九品雙月選用

畢庭璜江蘇太倉州人由監生捐銀一千四百

七十二兩 請以未入流分發四川遇缺即補

周維琳直隸蔚州人祖籍浙江由山西試用未

入流捐銀二百九十四兩 請以未入流仍

留山西儘先補用

朱維鎔浙江海鹽縣人寄籍順天由貴州儘先

補用未入流捐銀二百二十兩 請改發四

川仍以未入流儘先補用

程義美湖北天門縣人由雙單月未入流捐銀一

三百五十二兩 請以未入流分發湖南試用
周夢齡貴州歸化廳人由監生捐銀六百三十
二兩 請以未入流分發湖南補用
陳光潤浙江諸暨縣人由監生捐銀六百三十
二兩 請以未入流分發陝西補用
黃鑑清順天大興縣人祖籍浙江由俊秀捐銀
七百四十兩 請以未入流分發雲南補用
陳雲鶴順天大興縣人祖籍浙江由俊秀捐銀
七百四十兩 請以未入流分發貴州補用
顔培成廣東嘉應州人由雙單月未入流捐銀
二百二十兩 請以未入流分發省分補用
蒯正昌順天大興縣人祖籍江蘇由監生捐銀

二百八十兩　請以未入流不論雙單月選用
蘇鴻逵貴州貴陽府人由監生捐銀一百四十
兩　請以未入流雙月選用
李珍陝西長安縣人由貴州委用通判捐銀二
百五十兩
趙澤遠雲南新平縣人由貴州龍泉縣知縣捐
銀二百一十兩
李克勳奉天蓋平縣人由貴州青谿縣知縣捐
銀二百一十兩
金臺順天大興縣人祖籍安徽由貴州候補知
縣捐銀二百一十兩
林堯年福建侯官縣人由貴州試用知縣捐銀

二百一十兩
以上五員均請給予議敘加一級
鼒士學江西臨江府人由俊秀捐銀二百八十
兩　請給予從九品職銜並給予應得
封典
傅壽春江西新淦縣監生捐銀三百兩
張綬琨江西金谿縣監生捐銀三百兩
饒贊江西臨川縣監生捐銀三百兩
以上三名均請給予布政司理問職銜
左瑞山西洪洞縣監生捐銀三百兩　請給予
布政司經歷職銜
田培荊貴州思州府人由增生捐銀一百二十兩

丁鸿章贵州永宁州人由增生捐银一百二十两
王承均贵州都匀县人由增生捐银一百二十两
萧广聪贵州镇远府人由监生捐银一百四十
四两
英元睿贵州贵阳府人由俊秀捐银二百五十
二两
以上五名均请准作贡生
张瓒云南昆明县人原籍贵州由已满吏捐银
五十两
宋泽坤贵州贵阳府已满吏捐银五十两
都希儒贵州独山州已满吏捐银五十两
倪时清贵州贵筑县未满吏捐银六十五两

章德稱順天俊秀捐銀八十兩
周紹曾順天俊秀捐銀八十兩
周兆安順天俊秀捐銀八十兩
戴晨亮江西臨川縣俊秀捐銀八十兩
游湊煙江西臨川縣俊秀捐銀八十兩
鄭觀蘭江西臨川縣俊秀捐銀八十兩
黄惠生江西臨川縣俊秀捐銀八十兩
喻鎔江西臨川縣俊秀捐銀八十兩
范恆春江西臨川縣俊秀捐銀八十兩
劉斯溥江西臨川縣俊秀捐銀八十兩
車三品江西臨川縣俊秀捐銀八十兩
徐致誠江西臨川縣俊秀捐銀八十兩

桂殿江西臨川縣俊秀捐銀八十兩
周鵬拔江西清江縣俊秀捐銀八十兩
龔應鴻江西清江縣俊秀捐銀八十兩
陳漢智江西清江縣俊秀捐銀八十兩
楊廷禮江西清江縣俊秀捐銀八十兩
聶士英江西清江縣俊秀捐銀八十兩
胡永貴江西清江縣俊秀捐銀八十兩
黄學滙江西清江縣俊秀捐銀八十兩
聶康肇江西清江縣俊秀捐銀八十兩
周仲魁江西安福縣俊秀捐銀八十兩
周作霖江西安福縣俊秀捐銀八十兩
謝鍾英江西安福縣俊秀寄籍貴州捐銀八十兩

李澤璋江西永新縣俊秀捐銀八十兩
車運昌江西金谿縣俊秀捐銀八十兩
詹應銓江西金谿縣俊秀捐銀八十兩
章元洪江西金谿縣俊秀捐銀八十兩
崔立德江西豐城縣俊秀捐銀八十兩
羅允峻江西豐城縣俊秀捐銀八十兩
辜紹茹江西南昌縣俊秀捐銀八十兩
劉斗光江西南昌縣俊秀捐銀八十兩
劉逢春江西新淦縣俊秀捐銀八十兩
黄立泰福建連城縣俊秀捐銀八十兩
羅振陞福建連城縣俊秀捐銀八十兩
羅銓湖南安化縣俊秀捐銀八十兩

何熙春湖南桃源縣俊秀捐銀八十兩
唐長春湖南清泉縣俊秀捐銀八十兩
唐錦春湖南清泉縣俊秀捐銀八十兩
甘來儀四川滎昌縣俊秀捐銀八十兩
甘來瀛四川滎昌縣俊秀捐銀八十兩
吳鑑廣東石城縣俊秀捐銀八十兩
朱宗淳廣西博白縣俊秀捐銀八十兩
龎建中廣西宣化縣俊秀捐銀八十兩
黄文明廣西博白縣俊秀捐銀八十兩
黄文中廣西博白縣俊秀捐銀八十兩
劉泉貴州貴陽府俊秀捐銀八十兩
胡德蕭貴州貴陽府俊秀捐銀八十兩

何應棨貴州貴陽府俊秀捐銀八十兩
鄧國賢貴州貴陽府俊秀捐銀八十兩
顔承華貴州貴陽府俊秀捐銀八十兩
越重光貴州貴陽府俊秀捐銀八十兩
錢本貴州貴陽府俊秀捐銀八十兩
劉勝隆貴州貴陽府俊秀捐銀八十兩
蕭廣勳貴州鎮遠府俊秀捐銀八十兩
蕭承坤貴州鎮遠府俊秀捐銀八十兩
鄢鋕湘貴州鎮遠府俊秀捐銀八十兩
楊淵貴州鎮遠府俊秀捐銀八十兩
楊秀英貴州鎮遠府俊秀捐銀八十兩
郜有昌貴州鎮遠府俊秀捐銀八十兩

張步雲貴州鎮遠府俊秀捐銀八十兩
蔣靜軒貴州鎮遠府俊秀捐銀八十兩
崔占芳貴州思州府俊秀祖籍江西捐銀八十兩
楊星暄貴州思州府俊秀捐銀八十兩
羅文擧貴州思州府俊秀捐銀八十兩
田時霞貴州思州府俊秀捐銀八十兩
陳琳貴州黎平府俊秀捐銀八十兩
周維法貴州黎平府俊秀捐銀八十兩
李國華貴州興義府俊秀捐銀八十兩
黄文炳貴州松桃廳俊秀捐銀八十兩
田大興貴州郎岱廳俊秀捐銀八十兩
張兆祥貴州郎岱廳俊秀捐銀八十兩

張鈺貴州郎岱廳俊秀捐銀八十兩
龍朝清貴州清江廳俊秀捐銀八十兩
宋大錞貴州清江廳俊秀捐銀八十兩
宋子榮貴州清江廳俊秀捐銀八十兩
蕭沛榮貴州鎮寧州俊秀捐銀八十兩
楊富春貴州鎮寧州俊秀捐銀八十兩
丁桂山貴州鎮寧州俊秀捐銀八十兩
王兆周貴州永寧州俊秀捐銀八十兩
羅天祜貴州永寧州俊秀捐銀八十兩
蕭永馥貴州永寧州俊秀捐銀八十兩
施輔仁貴州永寧州俊秀捐銀八十兩
吳崇陽貴州永寧州俊秀捐銀八十兩

王守基貴州永寧州俊秀捐銀八十兩
朱萬銘貴州永寧州俊秀捐銀八十兩
陳熾昌貴州平遠州俊秀捐銀八十兩
鄭家蘭貴州獨山州俊秀捐銀八十兩
鄭之蘭貴州獨山州俊秀捐銀八十兩
艾廷彬貴州獨山州俊秀捐銀八十兩
周錦才貴州獨山州俊秀捐銀八十兩
劉占鰲貴州獨山州俊秀捐銀八十兩
李正元貴州獨山州俊秀捐銀八十兩
許興科貴州黄平州俊秀捐銀八十兩
張德元貴州黄平州俊秀捐銀八十兩
吴治南貴州定番州俊秀捐銀八十兩

魏之桂貴州黔西州俊秀捐銀八十兩
馬明貴州黔西州俊秀捐銀八十兩
秦調元貴州黔西州俊秀捐銀八十兩
顔承鈞貴州黔西州俊秀捐銀八十兩
楊熙超貴州貴筑縣俊秀捐銀八十兩
董克昌貴州貴筑縣俊秀捐銀八十兩
景調元貴州鎮遠縣俊秀捐銀八十兩
楊玉光貴州鎮遠縣俊秀捐銀八十兩
吴珍貴州鎮遠縣俊秀捐銀八十兩
傅正朝貴州鎮遠縣俊秀捐銀八十兩
羅文周貴州鎮遠縣俊秀捐銀八十兩
謝鈞貴州鎮遠縣俊秀捐銀八十兩

聶化瑛貴州鎮遠縣俊秀捐銀八十兩
王玉奎貴州鎮遠縣俊秀捐銀八十兩
陳光昌貴州遵義縣俊秀捐銀八十兩
傅啓緒貴州遵義縣俊秀捐銀八十兩
趙以淵貴州桐梓縣俊秀捐銀八十兩
詹國相貴州安化縣俊秀捐銀八十兩
以上一百一十八名均請給予從九品職銜
安長慶湖南慈利縣人由監生捐銀五百六十
兩 請以營千總分發本省提標補用
嚴廷貴貴州修文縣人由揀選武舉捐銀二百
一十兩 請以把總分發本省拔補
李光臣貴州黔西州人由衛千總職銜捐銀三

百五十兩　請給予營守備職銜

譚永仲貴州永寧州人由監生捐銀二百五十

兩　請給予衛千總職銜

朱德棠廣西博白縣人由監生捐銀二百一十

兩　請給予營千總職銜

覽

雲貴總督林則徐奏摺

恭謝天恩賞賜御書福字壽字並奶餅果乾

奏

雲貴總督林則徐奏摺 恭謝天恩賞賜御書福字壽字並奶餅果乾
道光二十九年二月二十日

雲貴總督臣林則徐跪
奏為恭謝
天恩事竊臣齎摺差回捧到
恩賞
御書福字壽字各一方並奶餅果乾兩匣謹即跪迎
至署恭設香案望
闕叩頭祗領欽惟我
皇上福疇錫極
壽寓延洪
瑞溢珠囊熙皞上
三多之祝珍羅
玉食芳鮮徵五味之和當茲酉熟書年寅賓紀序

天書燦爛邀
鳳藻之雙題地産豊饒
沛鴻施於萬里潤灑金壺之彩
墨寶交輝甘分瓊液之調
恩膏倍渥臣仰瞻
義畫更飫
堯廚銘丹悃以彌虔念素餐而益懍長祝
重熙累洽詩賡
介景以維祺尤欣食
德飲和禮重先嘗於正席所有臣感激下忱理合恭
摺叩謝
天恩伏乞

雲貴總督林則徐奏摺　恭謝天恩賞賜御書福字壽字並奶餅果乾
道光二十九年二月二十日

雲貴總督林則徐奏摺 恭謝天恩賞賜御書福字壽字並奶餅果乾
道光二十九年二月二十日

皇上聖鑒謹
奏
知道了

道光二十九年二月 廿 日

雲貴總督林則徐等奏摺

請以梁金詔調補雲南府知府遺缺以鄧爾恒補授

三〇 雲貴總督林則徐等奏摺 請以梁金詔調補雲南府知府遺缺以鄧爾恒補授

道光二十九年二月二十日

雲貴總督臣林則徐
雲南巡撫臣程矞采 跪

奏為揀員調補首郡知府恭摺奏祈
聖鑒事竊臣等接准部咨道光二十八年九月二十
七日内閣奉
上諭雲南雲南府知府員缺緊要著該督撫於通省
知府内揀員調補所遺員缺著鄧爾恒補授欽此
遵查雲南府係省會首郡管轄十一州縣政務
殷繁且時有發審案件必須精明幹練之員方
足以資治理臣等率同藩臬兩司於通省知府
内詳加遴選查有廣南府知府梁金詔年五十
二歲浙江會稽縣人由監生捐部寺司務籤分
大理寺行走乙酉科中式順天鄉試副榜

奏補大理寺司務保送倉差補授北新倉監督甲
午科中式順天鄉試舉人調補通州西倉監督
俸滿保舉引
見奉
旨外用以同知註冊銓選借挑知州揀發雲南引
見奉
旨以知州差遣委用道光十九年二月到滇歷署宣
威州知州鎮沅直隸廳同知
題補鄧川州知州委署雲龍州知州楚雄府知府
調補騰越同知請陞廣南府知府委令先行署
篆旋經部覆准陞請咨赴部於二十八年十一
月初九日引

三〇　雲貴總督林則徐等奏摺　請以梁金詔調補雲南府知府遺缺以鄧爾恒補授

道光二十九年二月二十日

見奏
旨梁金詔准其陞補雲南廣南府知府欽此據藩臬
兩司以該員熟悉地方情形辦事勤幹請調雲
南府知府實堪勝任會詳請
奏前來臣等查梁金詔業經回省該員才識明練
為守兼優洵屬實心任事以之調補首府必能
辦理裕如惟廣南府係夷疆六年俸滿要缺與
調補之例未符但該員於未經引
見之先雖曾委赴署任並無俸次可計與到任已歷
邊俸者不同且首郡任重事繁較邊缺尤為緊
要查向來揀選之員有未經歷過他缺即
奏准補授首府者因人地實在相需例得專摺奏

請合無仰懇
聖恩准以梁金詔調補雲南府知府既於省會要缺
有裨臣等亦得資指臂之助如蒙
俞允該員係現任知府請調知府銜缺相當毋庸送
部引
見其所遺廣南府知府員缺遵
旨即以鄧爾恒補授所有揀調首府緣由臣等謹合
詞恭摺具
奏伏乞
皇上聖鑒勅部核議施行謹
奏
吏部議奏

三〇

雲貴總督林則徐等奏摺　請以梁金詔調補雲南府知府遺缺以鄧爾恒補授　道光二十九年二月二十日

道光二十九年二月　廿　日

雲貴總督林則徐等奏摺　**請以廖惟勳調補貴陽府知府遺缺以朱逢莘補授**

三〇 雲貴總督林則徐等奏摺 請以廖惟勳調補貴陽府知府遺缺以朱逢莘補授

道光二十九年二月二十日

雲貴總督臣林則徐
署理貴州巡撫布政使臣羅繞典跪

奏為省會知府要缺遵
旨另行揀員調補恭摺奏祈
聖鑒事竊照貴陽府員缺前經奏請仍以黎平府知
府朱德燧調補接准吏部咨以該員邊俸未滿
八年又係出缺在先與例不符應令另揀合例
人員請調奉
旨依議欽此遵查貴陽府為省會首郡管轄一廳七
州縣地廣政繁時有發審案件必須明幹之員
方足以資治理臣等率同署兩司於黔省知府
內復加遴選查有鎮遠府知府廖惟勳年四十
六歲江蘇進士由編修補授今職道光十九年

雲貴總督林則徐等奏摺　請以廖惟勳調補貴陽府知府遺缺以朱逢莘補授　道光二十九年二月二十日

四月到任二十四年
大計卓異二十七年
題報苗疆八年俸滿給咨赴部引
見奉
旨廖惟勳著回任准其卓異加一級仍註冊候升欽
此該員才識練達任事實心以之請調貴陽府
實堪勝任惟現任鎮遠府亦係苗疆要缺以繁
調繁與例稍有未符而貴陽府尤為緊要人地
實在相需例得專摺
奏請合無仰懇
聖恩俯准將廖惟勳調補貴陽府知府洵於首郡要
缺有裨如蒙

俞允該員以現任知府請調知府銜缺相當照例無

庸送部引

見係初調人員亦不致計𠫭罰所遺鎮遠府缺遵

旨即以朱逢萃補授臣等謹合詞恭摺具奏伏乞

皇上聖鑒訓示謹

奏

另有旨

道光二十九年二月 二十 日

雲貴總督林則徐等奏摺

嚴鉷應迴避請調貴州普定縣知縣以邵鴻儒補調寶寧縣知縣

奏

三〇

雲貴總督林則徐等奏摺　嚴鉷應迴避請調貴州普定縣知縣以邵鴻儒補調寶寧縣知縣

道光二十九年二月二十日

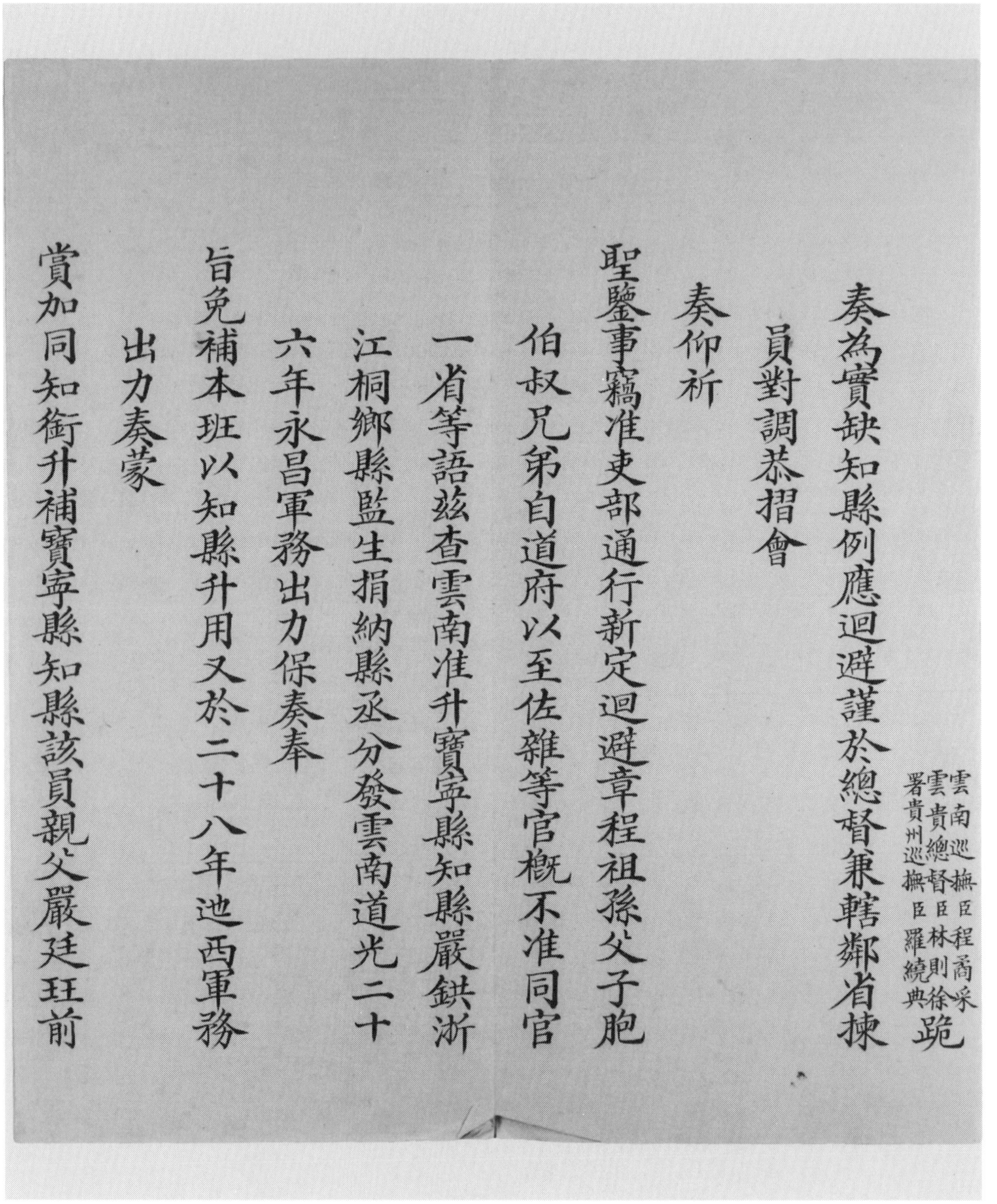

雲南巡撫臣程矞采
雲貴總督臣林則徐
署貴州巡撫臣羅繞典　跪

奏為實缺知縣例應迴避謹於總督兼轄鄰省揀
員對調恭摺會
奏仰祈
聖鑒事竊准吏部通行新定迴避章程祖孫父子胞
伯叔兄弟自道府以至佐雜等官概不准同官
一省等語茲查雲南准升寶寧縣知縣嚴鉷浙
江桐鄉縣監生捐納縣丞分發雲南道光二十
六年永昌軍務出力保奏奉
旨免補本班以知縣升用又於二十八年迤西軍務
出力奏蒙
賞加同知銜升補寶寧縣知縣該員親父嚴廷珏前

由雲南府同知升補麗江府知府維時嚴鉷尚
係縣丞舊例佐雜與知府僅止迴避同府因非
本管上司照例毋庸迴避今嚴廷玨運銅引
見回滇調補順寧府知府其子嚴鉷所補之寶寧縣
雖非該府所轄而父子不得同在一省據雲南
藩司趙光祖轉據該員嚴鉷稟請迴避前來自
應於臣林則徐兼轄之貴州各縣中酌量相當
之缺揀員對調查寶寧縣係雲南夷疆六年俸
滿要缺當經移咨貴州撫臣喬用遷行司揀調
因值進京
陛見未及覈辦茲臣羅繞典署理撫篆據署貴州藩
臬兩司會詳黔省並無夷疆六年俸滿之缺惟

雲貴總督林則徐等奏摺　嚴鉷應迴避請調貴州普定縣知縣以邵鴻儒補調寶寧縣知縣
道光二十九年二月二十日

於題調要缺內揀選查有准升普定縣知縣邵
鴻儒順天大興縣人由吏員籤掣未入流分發
貴州因仁懷軍務出力保奏奉
旨儘先補用經前督臣桂良帶滇委審猛緬京控案
事竣保奏奉
旨免補本班以府經歷縣丞升用咨補永從縣丙妹
縣丞苗疆俸滿保薦升補貴州普定縣知縣今
堪與雲南寶寧縣知縣互相調補等情據詳咨
商到滇臣林則徐臣程矞采復查滇省寶寧縣
缺定例應歷邊俸六年而黔省並無似此之缺
茲該縣知縣嚴鉷係順寧府知府嚴廷珏之子
例應迴避自宜於黔省題調知縣缺內揀員互

調丙普定與寶寧缺分相當與例符合臣往返
商榷意見亦同相應會摺奏懇
天恩俯准以嚴錤調補貴州普定縣知縣邵鴻儒調
補雲南寶寧縣知縣如蒙
俞允該員等均係已奉部覆准升應各照例送部引
見除給咨赴部外臣等謹合詞恭摺具
奏伏乞
皇上聖鑒訓示謹
奏
吏部議奏

道光二十九年二月 廿 日

雲貴總督林則徐等奏摺

遵查滇省礦廠籌議清釐舊廠試開新礦情形

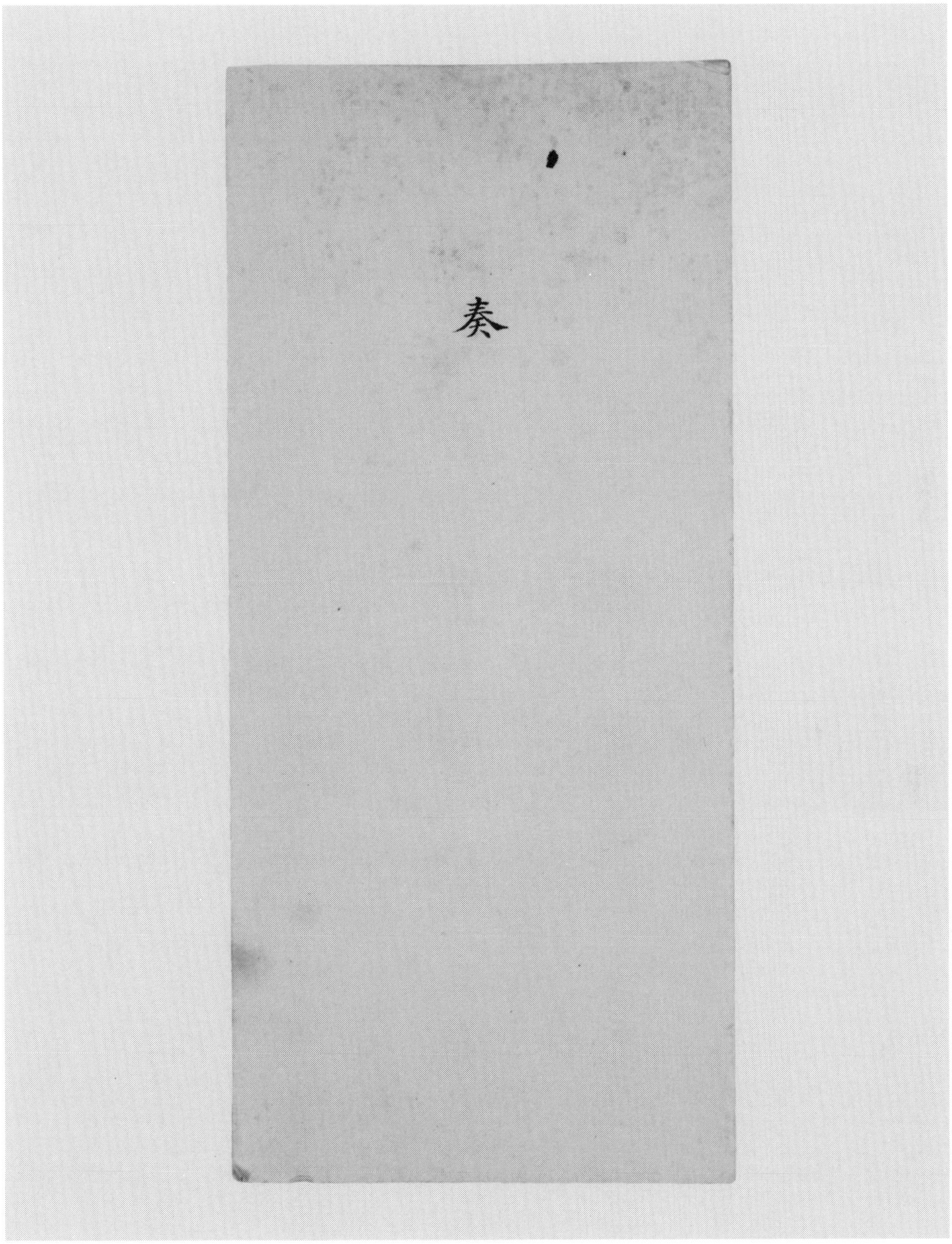
奏

三〇

雲貴總督林則徐等奏摺　遵查滇省礦廠籌議清釐舊廠試開新礦情形

道光二十九年二月二十日

雲貴總督臣林則徐
雲南巡撫臣程矞采跪

奏為遵
旨查勘滇省礦廠情形請將舊廠覈實清釐新礦試
行開採以期弊去利興行之有效恭摺奏祈
聖鑒事竊准部咨奉
上諭前因户部奏籌備庫款一摺當派宗人府大學
士軍機大臣會同妥議具奏茲據另議章程五條
無非就自然之利斟酌損益惟在該督撫等各就
地方情形熟商妥議立定章程具奏等因欽此臣
等跪誦再三仰見
聖主裕國足民利用厚生之至意伏查新定章程五
條內如河工漕務本為滇省所無鹽務則向有

定章並無懸引墮課自應遵
旨毋庸更易至錢糧年清年款各稅儘收儘解均無
蒂欠除將應造清冊飭屬依限據實造報聽候
稽查以昭畫一外計滇省所應辦者首在開採
一事敢不詳慎籌維伏思有土有財貨原惡其
棄於地因利而利富仍使之藏於民果能經理
得宜自可推行無弊考之周禮卝人掌金玉錫
石之地註云卝之言礦也其曰為之厲禁以守
者為未經開採言之也曰以時取之物其地圖
而授之巡其禁令此卽明言開採之法為後世
所仿而行焉者也以時云者註疏但釋其大意
今以臣等在滇所訪聞者證之似指冬春水涸

雲貴總督林則徐等奏摺　遵查滇省礦廠籌議清釐舊廠試開新礦情形
道光二十九年二月二十日

之時而言蓋金為水母五金所產之硐皆須戽
水而後取礦故辦銅例有水洩之費銀礦亦然
夏秋[石曹]硐多水宣洩倍難往往停歇若水過多
而無處可洩則美礦被淹亦成廢硐乃悟以時
二字古人固早見及此也物其地圖云者亦如
今之覓礦先求山形豐厚地脈堅結草皮旺盛
引苗透露乃可冀其成廠滇中諺云一山有礦
千山有引引之初見者曰子欀漸而得有正欀
乃可進山獲礦礦形成片者謂之刷[石曹]硐寬廣
者謂之堂由成刷而成堂始為旺廠若土石夾
雜則謂之鬆垅旋開旋廢易虧工本甚至下開
上壓滇諺謂之蓋被則非徒無益矣故踹勘必

須詳細所謂物其地圖者正以此耳巡其禁令云者誠以開採人多須有彈治之法如今之廠內各設課長客長硐長鑪頭㰠頭鍋頭皆所以約束礌户尖户及爐丁砂丁之類又須多派書差巡練以杜偷匿漏課並禁奪底爭尖此皆巡其禁令之遺意是開礦之舉不獨歷代具有成法而周禮早已明著為經况滇省跬步皆山本無封禁而小民趨利若騖礦旺則不招自來礦竭亦不驅自去斷無盤踞廢硐甘心虧本之理其謂人衆難散非真知礦廠情形者也滇人生計維艱除耕種外開採是其所習近年因銅觔產薄惟恐京運不敷但有能覓子廠之人廠員

無不亟令試採若輩行山望氣日以為常於地力之衰旺盈虛大都能知梗概見有可圖之利或以紅單而報苗引或以僉呈而請山牌當其朋集鳩貲人人有所希冀要之人事居其半天事居其半據本地人所言開而能成成而能久者向實不可多得然第就目前而論如其地可聚至千人者必有能活千人之利聚至數百人者亦必有能活數百人之利無利之處人乃裹足故凡各屬礦廠衰旺興閉地方官皆不能隱瞞惟設法經理之人能使已閉復興轉衰為旺者實難其選耳案查嘉慶十六年間戶部議覆雲南銀廠十六處抽收稅課以二萬六千五百

五十兩零爲每年總額准以此廠之有餘補彼
廠之不足不必分廠覈算務期總額無虧如收
不足數著落分賠遇有盈餘儘數報解迨嘉慶
十九年白沙一廠衰竭封閉奉
旨開除此後定有課額者共止十五廠年應抽解課銀
二萬四千一百一十四兩零載在户部則例其
奏准儘收儘解之廠則例所載祗有角麟太和悉
宜白羊四處嗣又續報永北廳之東昇廠東川
府之碏山廠新平縣之白達母廠此内惟東昇
一廠歷年出産較多所抽課銀尚可以補各廠
之缺若碏山白達母二廠則皆於鉛礦内抽取
殊不濟事其已定課額之十五廠内如南安州

之石羊土革鎮雄州之銅廠坡會澤縣之金牛永平縣之三道溝實皆歷年廢歇因課額早定不敢短絀或以未成之子廠先行劃補或由經管之有司自行賠解檢查歷年

奏銷冊内均與開化府鶴慶州永北廳之金廠四處一同按額解課總數並無虧短除課金贏餘無多不計外其報撥課銀節年贏餘自一二千兩至六七千兩不等此臣等於未奉

諭旨之先因欲整飭廠務卽已分別查明之實在情形也兹蒙

諭令於所屬境内確切查勘廣為曉諭酌量開採自應先於舊廠之外加意稽查當飭藩司遴擇曉

事委員分路訪覓諭以金銀皆可採取不必拘
定一格即或有人互爭之地前因滋事而未准
開者今不妨由官督辦抑或草皮單薄之礦前
恐未成而不敢稟者今不妨據實報聞且仰繹
訓諭諄諄不准游移不辦如果開採之後弊多利少
亦准奏明停止等因
聖明俯體下情如此開誠布公官民更何所用其疑
慮乎況查滇省課金或以秝計或以票計例定
課額甚微其課銀章程本係一五抽收民間採
得十萬兩之銀納課者僅一萬五千兩可謂斂
從其薄於民誠有大益將此明白開導似民間
皆已踴躍倍常當據委員會同臨安普洱文武

三〇 雲貴總督林則徐等奏摺 遵查滇省礦廠籌議清釐舊廠試開新礦情形 道光二十九年二月二十日

稟稱查得他郎通判所轄坤勇箐地方距城九十里有土山數重山頂全係碎砂不能栽種故無民居前因土内產有金砂遂有外來游民私挖淘洗致相爭鬬稟經前督臣委員會同他郎元江廳州前往查逐該游民各即逃散遂將該山封閉但金砂仍不時湧現挖淘較易難免游民旋復潛來如蒙

奏明開採雖豐嗇難以遽定究足以裨公課而杜私爭臣等隨復批飭各員親詣該山勘明實在情形旋據稟覆山頂寬平周圍約七八里掘土尺餘即見細碎金砂閃爍耀目官員到山游民先已躲避勘有私硐四口詢訪附近村人云挖

雲貴總督林則徐等奏摺　遵查滇省礦廠籌議清釐舊廠試開新礦情形
道光二十九年二月二十日

起金砂取水屢淘復以木板為牀竟日摇盪一
人之力日可得金錢釐多亦不出一分又離該
山數里有名為三股牆及小凹子二處勘有草
皮銀礦微夾金砂現亦有人偷挖但未進山成
硐等情臣等當即批准將此三處試行開採但
先前既因私挖致釀鬬爭此次官為督辦亟應
選擇殷實良善者作為頭人責令招募砂丁逐
層約束前此偷挖滋事驅逐復來者亦當訪拏
究辦以示懲儆且必須先派員弁多帶兵丁始
足以資彈壓容臣等斟酌調遣一俟佈置定局
再行縷析奏
聞又據鎮沅直隸同知暨文山廣通二縣先後稟稱

雲貴總督林則徐等奏摺　遵查滇省礦廠籌議清釐舊廠試開新礦情形
道光二十九年二月二十日

前因奉文廣覓銅廠疊經示諭民人訪尋子廠
呈報嗣有鎮沅廳民羅梓鵬等報有距城百餘
里之興隆山覷獲銀礦引苗當令招丁試採該
廳時往履勘其礦砂忽接忽跳未能定準如數
月内堪以接採擬卽酌定課程又文山縣民萬
雲龍等以距城一百八十里之白得牛寨地方
出有礦苗該民等已各出備油米呈縣開採經
該縣報府委勘山勢豐厚惟四圍包攔不甚緊
密所出草皮塃礦貭色較低兼以時有時無不
免旋作旋輟請加察看可否抽收銀課儘收儘
解又廣通縣民李集之等以象山地方距城九
十七里有礦可採報經該縣准令試辦嗣採得

門礦所出無多業經揞鑪分汁無如銀微色低
惟將所出黑鉛藉作底母之用尚須再行試準
量請抽課各據實具禀前來臣等查該三廠開
採雖尚未見成效然總須該地方官激勵廠民
奮勉從事不可任其半塗而廢現已札令速將
礦砂煎樣解驗應抽課銀先許儘收儘解俟試
辦一年察定情形再將抽解數目入額請撥至
此外更令廣為覓採有苗即力求獲礦有礦即
務使成堂如能採辦數多應先遵照
朝議商給優奬官請議敘以期率作興事感奮爭
先至舊額老廠雖據逐細查訪實係衰歇者多
然習於廠事者必能明其消長之機以籌脩復

之法或拉龍扯水或旁路抄尖或配石分汁如
錘手背夫及掮鑪下𡸁之人所見既多諒亦能
知補救即或需費工本但能先難後獲亦當設
法為之倘實係硐產全枯徒勞無益則名是實
非之廠似應據實開除即於儘收儘解各廠中
奏明抵補總須比較原定舊額無絀有嬴方為褎
實整頓之道不得因廣採新山而轉置舊廠於
不問至於官辦民辦商辦及如何統轄彈治稽
查之處仰蒙
恩諭不為遥制凡在官商士庶無不感激倍深自當
按地方之情形籌經久之善策查辦廠先須備
齊油米柴炭資本甚鉅原非一人之力所能獨

开官辨呼应虽灵而在任久暂无常恐交代葛
藤滋甚倘或因之亏空参辨则有所藉口筹补
则益启效尤况地方官经管事多安能亲驻厂
中胼胝手足势必假手于幕丁胥役弊窦愈多
似仍招集商民听其朋资夥辨成则加奖歇亦
不追则官有督率之权而无着赔之累似可常
行无弊臣等与在省司道及日久在滇之正佐
各员下逮商旅民人无不虚衷採访窃以此次
认真整顿令在必行所宜先定章程者约有四
事一曰宽铅禁查银矿惟炸矿为上为其块头
净洁出银多而踸色高然厂中似此之矿百不
得一其習見者名為大花银矿细花银矿其实

皆鉛礦也鉛礦百觔煎鉛得半即為好礦而好
鉛十觔入鑪架罩其上者得銀六七錢次者僅
二三錢除抽課工費之外祗敷半本其裹出鉛
汁名為銷團鉛浸灰内名曰底母皆可溜成黑
鉛以此售賣始獲微利滇省向因黑鉛攸關軍
火曾有比照私賣硝礦辦罪之案故鑪戶所餘
底銷皆為棄物虧本愈多臣等查黑鉛一項或
錘造錫箔或炒煉黄丹顏料所用亦廣原非僅
為製造鉛彈之需律例内並無黑鉛不准通商
之文且貴州之柞子廠四川之龍頭山黑鉛均
准售賣滇省事同一律如准將底銷出售以補
廠民成本之虧庶不至於退歇況售買底銷必

有行店其發運若干令廠員驗明編號填給照票俟運至彼處即將照票赴該地方衙門繳銷既可杜其走私於軍火無所妨礙藉得沾有利益於廠民實獲補苴一曰減浮費查雲南各屬無論五金之廠皆有廠規其頭人分為七長每開一廠則七長商議立規名目愈多剝削愈甚查歷辦章程迤東各廠硐戶責礦按所得礦價每百兩官抽銀十五兩謂之生課迤西各廠硐戶責礦不納課惟按煎成銀數每百兩抽銀十二三兩不等謂之熟課皆批解造報之正款必不可少此外有所謂撒散者則頭人書役巡練之工食薪水出焉有所謂火耗馬腳硐主硐分

水分以及西岳廟功德合廠公費等名目皆頭人所逐漸增添者雖不能盡裁亦必須大減現在出示曉諭務令痛删無益之規銀以辦必需之油米庶不至因累而散一曰嚴法令查向來廠上之人殷實良善者什之一而獷悍詭譎者什之九又廠中極興燒香結盟之習故滇諺有云無香不成廠其分也爭相雄長其合也併力把持恃衆欺民漸而抗官藐法是以有礦之地不獨官懼考成並紳士居民亦皆懍然防範令興利必先除害非嚴不可即如所用鐵器除鎚鏨鍋鏟菜刀准帶外一切鳥槍刀械全應搜淨方許入廠其駐廠彈壓之印委員弁皆准設立

枷杖等刑具有犯先予枷責或插耳箭遊示期
於小懲大戒若廠匪膽敢結黨讎殺多命鬧成
巨案或恃衆强姦盜刦擾害平民責令該府州
廳縣會同營員立即兜拏務獲審明詳定之後
請照現辦迤西匪類章程就地請
令正法俾得觸目警心庶可懲一儆百一曰杜詐
偽查礦廠向係朋開其股分多寡不一有領頭
兼股者亦有搭股分尖者自必見有好礦而後
合夥滇省有一種詐偽之徒慣以哄騙油米為
伎倆於礦砂堆中擇其極好淨塊如俗名墨緑
及硃砂蕎麵之類作為樣礦示人啗以重利慫
恿出貲承攬既多身先逃避愚者以此受累黠

者以此詐財良民不敢開採多以此故又廠上賣礦買礦之時復有一種積蠹挿身説合往往私抽釐頭爲之裝蓋底面顛倒好醜爲貽害廠務之尤茲先出示諭禁嗣後訪獲此等匪徒皆即加重懲辦庶可除弊混而示勸懲矣臣等在滇未久於礦廠情形本不諳習仰荷

聖慈委任且蒙

訓諭周詳謹就察訪實情先籌大概雖成效尚未能豫必而任事斷不敢畏難此外續查利弊情形總當據實直陳以仰副

宵旰疇咨於萬一所有查勘籌辦緣由是否有當臣等謹合詞恭摺具

雲貴總督林則徐等奏摺 遵查滇省礦廠籌議清釐舊廠試開新礦情形 道光二十九年二月二十日

奏伏乞
皇上聖鑒訓示謹
奏
原議王大臣會同該部議奏

道光二十九年二月 廿 日

三〇

雲貴總督林則徐奏片　廣和京控案要證王貴自戕身故楊覲疎防請旨交部議處

臣林則徐跪

奏再臣前奉

諭旨交審叅員廣和京控一案將訊明大概情形先

行具奏茲奉

上諭著改派琦善馳驛前往雲南提同案內人證秉

公嚴訊按律定擬等因欽此臣應將此案文卷暨

一干人證點齊一俟琦善到滇即行送交審辦

查人證內有廣和家人王貴一名係其最所信

用前在富民縣任內派充門丁臣於上冬提審

此案據各人證僉供王貴在縣事多經手且廣

和京控詞內竟稱王貴公正無私自係緊要案

證查伊在滇省威遠地方當於十一月間傳解

到案悉心究問所有職員劉元吉先經拜認廣和為師嗣廣和因借貸不遂拒不見面復因賭案得受劉元吉賍銀慮被赴省控告因而誣挐燒香以冀將其嚇散等情王貴皆已供吐並自認兩次得受劉元吉銀十兩疊具親筆供詞存卷質之案内人證供亦符合並據供指雲南府及糧道鹽道各衙門有受過廣和門包情事當將各門丁提同質對供認屬實因聚王貴應得罪名尚不至於監禁當經發交昆明縣派役管押在案本年正月二十四日臣齎摺差回恭讀

諭旨始知此案

欽派琦善來滇審辦二十八日據昆明縣詳報王貴

雲貴總督林則徐奏片　廣和京控案要證王貴自戕身故楊覲疎防
請旨交部議處　道光二十九年二月二十日

在押畏罪乘間用磁片自行割傷咽喉等情臣
聞悉之下殊為駭異當與撫臣札行臬司據委
試用通判卓榞揀發知縣凌鶴鳴前往驗訊據
王貴供稱因伊主廣和赴京混控受累並牽連
富民縣士民多人今聞有
欽差前來審辦恐問重罪一時情急撿拾破碗塊自
割咽喉並無別故等情當經飭縣趕緊醫治務
痊去後茲復據昆明縣詳報王貴醫治不痊於
二月十一日身故臣等復飭臬司委揀發知縣與
安與凌鶴鳴同往驗明屍身咽喉左一傷橫長
一寸七分寬五分深四分食顙破傷口潰爛餘
俱無故委係生前自行抹傷醫治不痊身死取

有該屍妻子及看役人等供詞具報前來查王
貴係此案要證雖屢經取有親筆供詞並於上
年十二月曾與廣和當堂質對但案尚未結係
應移交審訊之人乃該縣疎於防範致令在押
乘間自戕越十四日身死殊屬疎忽且難保看
役人等無縱令自戕及私行凌虐别情相應請
旨將署昆明縣知縣楊覲先行交部照例議處臣等
已飭司將看役人等嚴行管押俟四川督臣琦
善到滇一併交審辦理謹附片具
奏伏乞
聖鑒謹
奏

雲貴總督林則徐奏片　廣和京控案要證王貴自戕身故楊覲疏防
請旨交部議處　道光二十九年二月二十日

另有旨

大學士穆彰阿等奏摺

會議林則徐奏迤西添移營汛兵丁籌辦經費應如所請辦理

臣穆彰阿等跪

奏爲遵

旨會議具奏事内閣鈔出雲貴總督林則徐等奏迤

西甫就乂安地方實形遼濶擬添移營汛兵丁

酌派換防處所等因一摺於道光二十八年十

二月十三日奉

硃批軍機大臣會同該部議奏單併發欽此臣等查

雲南回匪滋事甫就乂安自應體察地方情形

安設營汛以重巡防而收實效今據該督等奏

稱滇省永昌順寧大理三府暨蒙化廳並楚雄

府所轄之姚州皆處迤西邊境山深箐密道阻

且長雜處漢回易藏奸宄本年先後用兵皆藉

所謂大兵分投緝匪臣等公同酌議擬將永昌存城之右營守備一員移駐永平縣城其自瀾滄江北岸之杉木和汛至東北大路之漾濞汛應歸右營管轄查永平原駐把總一弁帶兵三十四名擬添募兵八十六名又永平轄之永定站距城約計百里向未駐兵擬添募兵五十名撥一外委督巡作為永定汛又龍街距城一百二十里向來亦未駐兵擬添募兵四十名撥一外委管帶作為龍街汛又漾濞雖在蒙化廳界内而距廳城約二百里向來僅以額外外委帶兵三十二名駐劄相近之柏木鋪而於漾濞上下兩街煙户極多之處並無武弁專防擬移撥

永昌千總一弁添募兵八十名令其管帶駐守其柏木鋪原駐弁兵即作為漾濞汛協防統歸右營守備管轄又永昌左營之姚關汛壤接夷地距城一百六十里原設把總一弁駐兵六十名擬添募兵四十名又舊乃汛距城四百五十里本係右營汛地今應改歸左營原設代防外委一弁駐兵三十名在昔足敷防守今將保山回民安插於官乃山已有二百餘户尚有回民續求赴彼居住者該山係舊乃汛所轄擬改撥把總一弁添募兵五十名又永昌坡距城一百八十里只駐兵十二名擬添募兵六十二名移把總一弁赴彼營管帶至永昌汛左右營汛地

前因都守均在本城故分汛頗有錯雜今既將守備移駐永平應按各汛地勢分别改隸兩營如姚關舊乃永昌坡蟒水枯柯河路江猛崗戥子鋪猛賴栗柴壩觀音山十一汛應歸左營都司管轄杉木和竹魯凹燕子河北沖河灣永平城永定龍街柏木鋪漾别十汛應歸右營守備管轄等語應如所請永昌協右營守備准其移駐永平縣城添兵八十六名又永平轄之永定站添兵五十名並准其移撥外委一弁作爲永定汛又龍街添兵四十名並准其移撥外委一弁作爲龍街汛又漾濞准其移撥永昌汛千總一弁添兵八十名令其管帶駐守其柏木鋪原

駐兵弁作為漾濞汛協防歸右營守備管轄又
永昌左營之姚關汛添兵四十名又舊乃汛准
其改歸左營並改撥把總一弁添兵五十名又
永昌坡添兵六十二名並准其移撥把總一弁
至永昌協左右營汛地應按地勢分別改隸兩
營如姚關舊乃永昌坡蟒水枯柯河潞江猛崗
戥子鋪猛賴栗柴壩觀音山十一汛應歸左營
都司管轄杉木和竹魯凹燕子河北沖河灣永
平城永定龍街柏木鋪漾濞十汛應歸右營守
備管轄之處應責令該都司守備各率其屬認
真操練實力巡防勿令日久生懈該督等又稱
永平最為險要者莫過於瀾滄江橋向來只派

兵丁八名輪巡令即添營移汛若僅守以本處兵丁仍恐與哨匪勾通擬由提標派出千總一弁帶兵一百名駐剳瀾滄南岸之平坡每屆半年調換一次俟接防者到彼准原剳者回營但客兵於地形未盡熟悉仍須主兵協同守望擬將江橋地方作為左右兩營公汛該處失事將永昌都守與派防之提標千總一體懲處等語應如所奏准其由提標派千總一弁帶兵一百名駐剳瀾滄南岸之平坡每屆半年調換一次即責成派出換防千總管帶換防兵丁會同本處兵丁協力巡防該處失事一體開參如兵丁在防生事擾民勾通哨匪即將換防官照例參處

該督等又稱順寧府地方南北相去七百餘里
叅將一員管轄駐劄緬寧廳城恐難於遠馭查
龍陵協副將一缺地方現甚安靜且距騰越鎮
不遠擬將順雲營叅將與龍陵協副將調換作
為順雲協副將龍陵營叅將並龍陵中軍都司
亦改為順雲協中軍都司均移駐緬寧廳城將
該協錢糧歸都司經管其順雲營左軍守備仍
駐順寧府右軍守備移駐錫臘查錫臘原只外
委一弁帶兵十八名兵力太單數年以來皆有
留防弁兵三百名現擬以守備久駐其地所需
兵額酌定二百四十名應添兵二百二十二名
又右甸一城介在永順兩府之間該處距順寧

府城祗一百四十里而距永昌府城二百一十里今既於永昌坡添兵駐守應歸於順雲專轄原駐把總一弁帶兵四十三名擬添守兵三十七名並添撥額外外委一名又阿魯史塘原設塘兵五名擬改塘為汛添兵三十五名撥順雲營存城外委一弁管帶以上三汛共應添兵二百九十四名除右甸阿魯史二處仍於順雲存城兵内改撥外所有錫腊應添兵數即於龍陵存城兵内改撥作為新設順雲協兵額不必另行招募千總以下各弁均不更動惟龍陵右營守備應改為中軍守備並將左右兩營改為左右兩哨等語應如所奏順雲營叅將准其改為

順雲協副將龍陵協副將准其改為龍陵營參
將龍陵協中軍都司准其改為順雲協中軍都
司經管兵馬錢糧均移駐緬寧廳城其順雲營
右軍守備准其移駐錫腊撥兵二百二十二名
右甸汛准其歸於順雲營專轄添撥額外外委
一名兵三十七名又阿魯史塘准其改塘為汛
撥兵三十五名撥順雲營存城外委一弁管帶
以上三汛共應添兵二百九十四名亦應如所
奏准其右甸阿魯史二處仍於順雲存城兵内
改撥其錫腊應添兵數在於龍陵存城兵内改
撥作為新設順雲協兵額不必另行招募以昭
簡易龍陵協右營守備准其改為龍陵營中軍

守備將左右兩營改爲左右兩哨該督等又稱大理府太和趙州交界之下關向無員弁駐劄擬添募兵一百名撥大理城守營存城之右哨千總一弁移赴下關駐防作爲該千總汛地其原設巡防上下兩關汛之右哨把總即令專駐太和縣城毋庸兼管並另派左哨外委前往上關駐劄以專責成又彌渡地方甫經戡定原駐外委一弁帶兵四十名尚覺單薄令擬添募兵四十名又紅岩一處向無駐劄弁兵擬添募兵四十名撥城守左哨二司外委在紅岩駐劄統歸大理城守營都司管轄其餘各汛悉仍其舊等語應如所奏准其移撥大理城守營存城右

哨千總一弁添兵一百名移赴下關駐防作為
該千總汛地原設巡防上下兩關汛之右哨把
總即令專駐太和縣城毋庸兼管並另派左哨
外委前往上關駐劄以專責成又彌渡地方添
兵四十名又紅岩添兵四十名准其撥城守左
哨二司外委在紅岩駐劄巡防統歸大理城守
營都司管轄各營兵弁議准改撥之後即責令
各該管兼統專汛協防官嚴加整頓勿稍疎虞
該督等又稱蒙化廳汛地係景蒙營遊擊管轄
該遊擊向駐景東廳城距蒙化廳城四百七十
里自蒙化廳至三勝站又七十餘里中間未設
塘汛擬將景蒙營存城之右哨二司把總移駐

三勝站由該營撥兵八十名隨同駐劄並巡查大小圍埂及茅草哨等處至楚雄原有楚姚鎮標自裁鎮改協之後分駐姚州者准千總一弁帶兵六十七名除分撥二十二塘外存城者僅兵二十二名擬添募兵五十三名等語應如所奏准其以景蒙營存城右哨二司把總移駐三勝站由該營撥兵八十名隨同駐劄巡查大小圍埂及茅草哨等處楚雄協姚州汛添兵五十三名該督等又稱所改協營汛地凡駐防各員弁均於存城内酌量移撥惟兵丁除撥抵外計應添募守兵六百四十一名無閏之年需餉銀七千六百九十二兩有閏加增銀六百四十一

兩兵米每名每月例支三斗擬折銀三錢無閏
之年需米折銀二千三百七兩六錢有閏加增
銀一百九十二兩三錢查滇省鹽務課款中正
溢課外尚有溢餘銀數萬兩道光八年前督臣
阮元奏請按年據實造報以一半歸部報撥一
半留存本省以備邊費各項例不准銷之款就
此支銷奉
旨允准存案今迤西漢回甫定邊地綿長移伍添兵
實善後中必不可緩之務合無仰懇
聖恩准於本省鹽課溢餘項下每年儘先動撥銀一
萬兩遇閏加增八百三十二兩九錢作為新添
兵餉米折之用此款開除之外尚應存溢餘若

干再照
奏定章程以一半歸部充公一半留存本省邊費每年估撥兵餉之時即先將增添餉銀米折數目聲明扣除毋庸請撥以清款目等語戶部查則例內載雲南守兵月支餉銀一兩餉米三斗等因今滇省永昌等營汛請添募守兵六百四十一名既經兵部覈議准其添募所稱無閏之年應需銀七千六百九十二兩有閏加增銀六百四十一兩兵米每名每月例支三斗折銀三錢無閏之年需米折銀二千三百七兩六錢有閏加增銀一百九十二兩三錢按例載應支各數覈算相符至奏稱於本省鹽課溢餘項下每

年儘先動撥銀一萬兩遇閏加增銀八百三十
二兩九錢作為新添兵餉米折之處查該省每
年徵獲鹽課溢餘銀八九萬餘兩向係一半報
部酌撥一半留存本省邊費之用其一半邊費
項下覈其除支銷外每年尚餘存銀一萬餘兩
相應請
旨飭令該督撫即將前項添募守兵兵餉米折銀兩
在於常年邊費一半項下照數動支造入報銷
案内報部查覈其常年報部一半充公銀兩仍
飭照舊按數報撥毋得率行動用以符舊制該
督等又稱移駐都守應蓋衙署及千把外委兵
弁汛房現據大理府知府唐惇培捐銀二千兩

三〇　大學士穆彰阿等奏摺　會議林則徐奏迤西添移營汛兵丁籌辦經費應如所請辦理

道光二十九年二月二十五日

准升蒙化同知汪之旭捐銀一萬兩騰越廳同知彭崧毓捐銀三千兩堪以分撥估建如尚不敷再由臣等另行籌給此項工程請免造冊報銷等語應如所奏准其建蓋以資棲止戶部查移駐衙署兵房既據該督撫等奏稱據大理府知府唐惇培等共捐銀一萬五千兩堪以分撥估建應如所奏辦理所稱如尚不敷另行籌給應令該督撫等覈實查明如果尚有不敷即將如何籌給之處報部查覈工部查前項工程係官為修理應令該督飭委妥員據實勘估照例造具冊結題報覈辦該督等又稱永昌江橋換防弁兵鹽菜口糧每年約需銀一千五百兩並

往返軍裝擡費即由本省邊費内支放等語户部查該省换防弁兵每名日支鹽菜銀一分口糧米八合三勺折銀八釐三毫報部覈銷有案今前項永昌江橋换防弁兵應需鹽菜口糧銀兩應令該督撫即飭查照成案弁兵應支銀數在於邊費項下按年覈實報部覈銷工部查前項軍裝擡費應令該督查照例案造册報部覈辦該督等又稱添募兵丁現即預飭各營先行認真挑募由該管將弁逐層考驗報查不許以老弱一名充數俟奉

俞允後即於二十九年正月起一體到汛值防等語

應如該督所奏辦理仍飭該管將備認真挑募

俟添募足額後造入年終兵馬冊内報部查覈不准以老弱充數一兵必得一兵之用應令該督申明紀律嚴飭將備實心整頓庶邊防肅清漢回安輯如有生事容奸廢弛營伍及挑補徇私或疎防地方失事即各按專兼統轄職名照例叅辦以肅戎行而綏疆圉其餘一切未盡事宜應令該督等分别題咨報部覈辦所有臣等會議緣由理合恭摺具奏是否有當伏乞訓示遵行再該督等所開清單已於摺内詳細覈覆毋庸復議此摺係兵部主稿合併聲明爲此謹奏請

旨

道光二十九年二月二十五日

臣穆彰阿
臣潘世恩
臣賽尚阿
臣祁寯藻
臣陳孚恩
臣耆英差
臣保昌
臣魏元烺
臣瑞常
臣孫瑞元差

臣道　慶未到任
臣戴　熙
臣阿靈阿
臣趙　光學差
臣福　濟
臣朱鳳標
臣特登額
臣杜受田
臣恩　華
臣王廣蔭留署
臣靈　桂未到任
臣彭蘊章學差

本日奉
旨依議欽此

雲貴總督林則徐題本　題銷雲州順寧二州縣道光二十七年份撥運緬寧兵糧脚價銀兩

道光二十九年三月十七日

該部察核具奏

雲貴總督林則徐題本　**題銷雲州順寧二州縣道光二十七年份撥運緬寧兵糧脚價銀兩**

三〇

雲貴總督林則徐題本　題銷雲州順寧二州縣道光二十七年份撥運緬寧兵糧脚價銀兩

道光二十九年三月十七日

太子太保兵部尚書兼都察院右副都御史總督雲南貴州等處地方軍務兼理糧餉臣林則徐謹

題爲題銷撥運兵糧脚價銀兩事據雲南糧儲道

王□□會同布政使趙光祖詳稱查得順寧府

屬緬寧廳原設順雲營分防兵肆百名久經

欽定因嵗年定額營時將該廳額徵秋糧米壹千

貳百壹拾餘石徵收備供兵米不敷米約計貳叁

百石採買供支於嘉慶伍年前任總督書麟

於籌辦猓黑軍務善後事宜案內

奏准將順雲營參將移駐緬寧並於順寧府存城

兵內撥出兵伍百名永昌協額設兵內撥出兵

肆百名共兵玖百名移駐緬寧連原設共兵壹

千壹百名又於永北營額設千把外委內撥出

雲貴總督林則徐題本　題銷雲州順寧二州縣道光二十七年份撥運緬寧兵糧脚價銀兩

道光二十九年三月十七日

案具歸入緬寧另案辦理以弁員安設塘汛防守

其前項兵丁歲需糧米續經

奏定以該廳每年應徵額糧儘數撥充備供不敷

之項尚將雲州順寧二州縣每年徵秋糧除備供

之外應兵糧以餘剩米石照普洱鎮買運兵糧章

程每石每站給運腳銀貳錢計雲州距緬寧肆

站順寧縣距緬寧陸站按站發給運腳銀兩奏

支給寧等處此米不敷米石照例價每石發銀

壹兩交該廳自行採買所需運腳銀兩統於道

庫庫存米折銀內動支事竣造冊

題銷又嘉慶玖年

奏請各營裁汰馬兵在於普洱等鎮協營添設步

三〇

雲貴總督林則徐題本　題銷雲州順寧二州縣道光二十七年份撥運緬寧兵糧脚價銀兩
道光二十九年三月十七日

內裁汰緬寧廳裁汰馬兵陸拾伍名實駐兵壹
千叁拾伍名又於嘉慶拾捌年緬寧邊外[illegible]
善後事宜案內
奏請於各營額兵內撥往緬寧廳添駐兵肆百叁
拾名以裁汰馬兵并兵肆百叁拾貳員名內除
分駐雲州所屬萬年樁兵肆拾名所需月糧於
雲州并支食外實駐緬寧廳弁兵叁百玖拾貳
員名連原設共弁兵壹千肆百貳拾柒員名所
需糧米較多採買維艱
奏准於順寧府屬威遠鎮營兵丁本折糧米之例
以每年春夏貳季全支本色米石秋冬貳季大
建每月折給銀兩拾日小建之月折給銀兩玖

月共給貳拾日節支本色自嘉慶貳拾貳年秋
冬貳季起本折兼支至道光拾壹年奉
旨
旨查明雲貴兩省額兵酌定裁減案內奉文裁減兵
伍拾伍名實存弁兵壹千叁百叁拾貳名道光
貳拾年移營添汛嚴拏流賊案內
奏准臨安內地營自等處改營添汛將臨元廣西
撥營兵丁分撥[illegible]缺額於順雲營兵內裁減兵
壹百名撥歸臨元廣西貳鎮營以便差操內除
雲州額兵內裁撥兵貳拾名緬寧廳額兵內裁
撥兵拾名計緬寧廳實存兵壹千貳百伍拾
貳名歷年應需糧米循照辦理所有道光貳拾
柒年分緬寧廳兵米已於會計案內核實造

門運安計雲州應運緬寧廳米捌百玖拾玖石
貳斗陸升叁合肆勺順寧縣應運緬寧廳米捌
百石節省運腳亦經詳明發給數運在案茲據
雲州順寧二州縣各將應運米石照數徵收雇
覓夫馬交清楚取具緬寧廳實收造冊出結由順
寧府覆明加結申齎前來該司道覆查實用冊
開撥運緬寧廳倉米捌百玖拾玖石貳斗陸升
叁合肆勺該州至緬寧廳肆站每石每站給運
腳銀貳錢共用運腳銀柒百壹拾玖兩肆錢壹
分零壹厘餘順寧縣冊開撥運緬寧廳倉米捌
百石該縣至緬寧廳陸站每石每站給運腳銀
貳錢共用運腳銀玖百陸拾兩貳共計撥運米

三〇

雲貴總督林則徐題本　題銷雲州順寧二州縣道光二十七年份撥運緬寧兵糧脚價銀兩

道光二十九年三月十七日

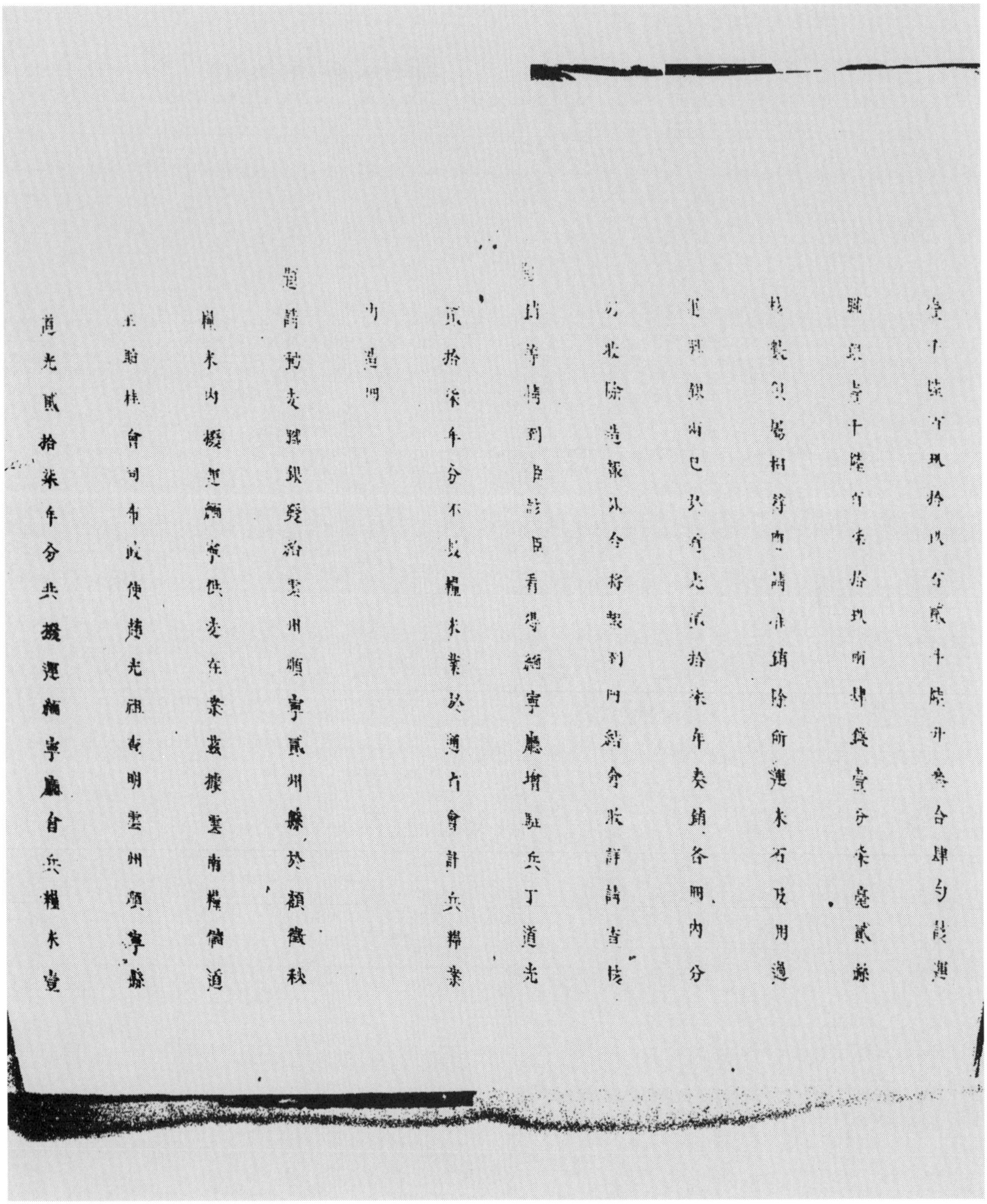

壹千陸百玖拾玖石貳斗陸升叁合肆勺該運
腳銀壹千陸百柒拾玖兩肆錢壹分柒毫貳絲
核與例相符內請准銷除所運米石及用過
運腳銀兩已於道光貳拾柒年奏銷各冊內分
另款收除造報外今將製到冊結分晰詳請查核
題請等情到臣該臣看得緬寧廳增駐兵丁道光
貳拾柒年分不敷糧米業於通省會計兵糧案
內題明
題請動支腳銀發給雲州順寧貳州縣於額徵秋
糧米內撥運緬寧供支在案茲據雲南糧儲道
王繩桂會同布政使趙光祖查明雲州順寧縣
道光貳拾柒年分共撥運緬寧廳倉兵糧米壹

十陸百玖拾玖石伍斗肆升叁合肆勺共用過
運脚銀壹千陸百柒拾玖兩肆錢壹分柒毫貳
等俱經運支清楚取造冊結會收詳請
題銷前來臣覆查無異除冊結倉收分送部科查
核外謹會同雲南巡撫臣程矞采合詞恭疏具
題伏乞
皇上聖鑒勅部核覆施行爲此具本謹會
題請
旨

雲貴總督林則徐題本 題銷雲州順寧二州縣道光二十七年份撥運緬寧兵糧脚價銀兩

道光二十九年三月十七日

……處地方軍務兼理糧餉臣林則徐

太子太保兵部尚書兼都察院右副都御史總督雲南貴州等處地方軍務兼理糧餉臣林則徐謹

題爲請銷撥運兵糧脚價銀兩事。該臣看得緬寧

駐防弁兵丁道光貳拾柒年分不敷糧米，業於

通省會計兵糧案內

題請動支脚價，發給雲州、順寧二州縣於額徵秋

糧米內撥運緬寧供支在案。茲據署雲南糧儲道

王盼桂會同布政使趙光祖查明雲州、順寧縣

道光貳拾柒年分共撥運緬寧廳倉兵糧米壹

千陸百玖拾玖石零，用過運脚銀壹千陸百

拾玖兩零，俱經運交清楚，取造册結倉收詳請

題銷前來。臣覆查無異，除册結倉收分送部科外，

謹會

題請

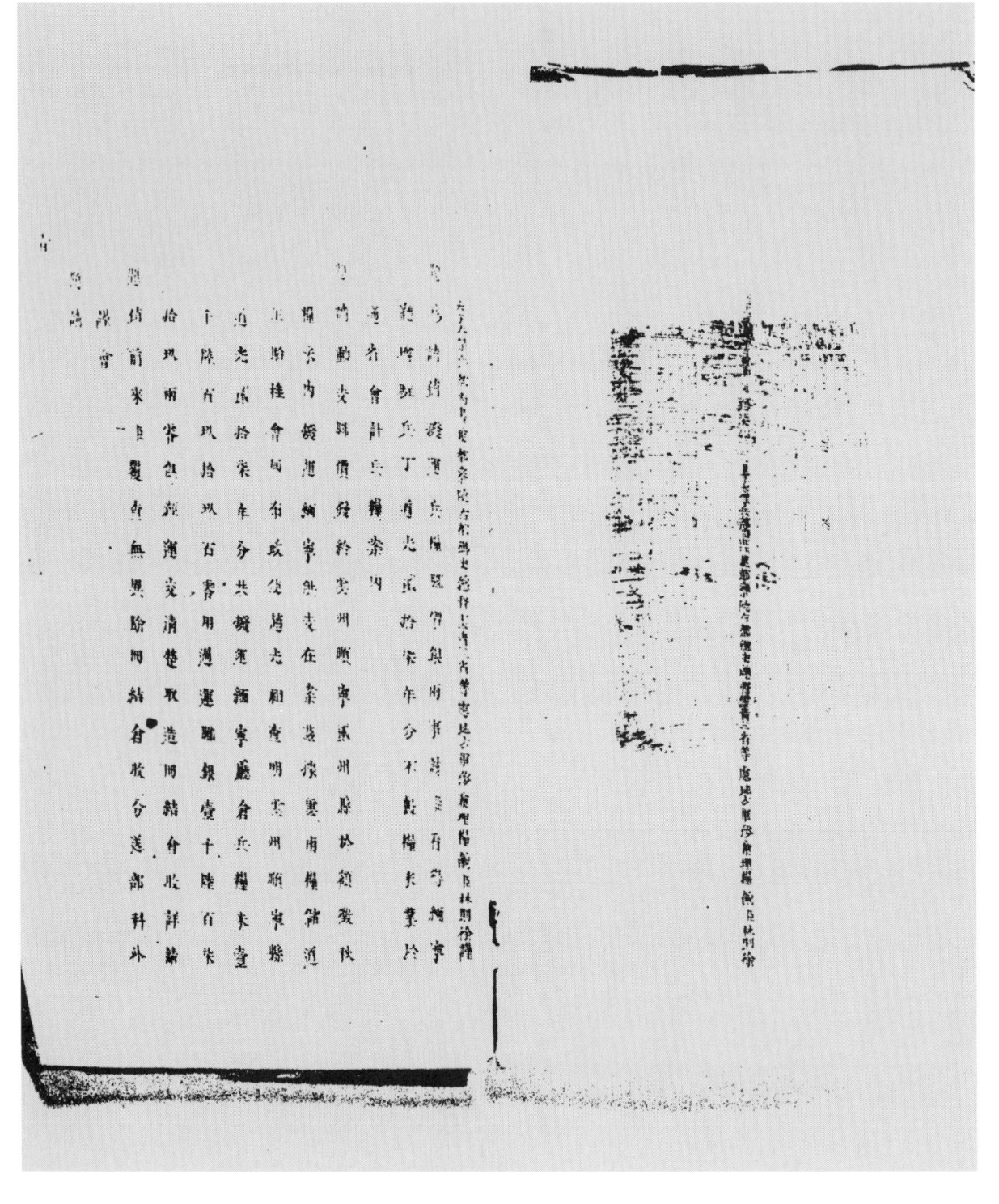

旨

雲貴總督林則徐奏片　**遵查黔省礦廠開採情形**

臣林則徐跪

奏再黔省開採事宜臣於欽奉
諭旨後即飛咨署撫臣羅繞典一體認真督辦旋據覆稱黔產銀從鉛出如威寧州之柞子廠原產黑鉛[illegible]分較高向來每鉛百觔報煎紋銀九錢該廠年額共辦黑鉛六十八九萬照報煎之數彚計可煎出銀六千餘兩按舊章四六抽課應抽銀二千四百餘兩惟因數十年來黑鉛礦硐不旺歷經報買商鉛腋凑其出鉛日益少則煎銀日益微是以抽課無幾上年柞子廠附近之清水站產有黑鉛銀苗經貴西道福連禀報自去秋試採以來頗見成效各爐煎出硫價按照

廠例共抽存課銀一千二百五十兩已據解司
候撥洛部立案又定番州之金鰲山貴筑縣之
白馬硐均自上年釃獲水硍礦引試採至今白
馬硐抽得課銀一千餘兩金鰲山亦抽得課銀
三百一十兩零並經解收洛部各在案現既見
有成效且欽奉
諭旨廣為開採更應督飭妥辦以期永久等語又據
現護貴西道祝祜稟請即將清水站作為柞子
等處子廠照原定章程提課附解並據署藩臬
兩司會詳復查得永寧州婺川縣等處均釃獲
水硍礦砂飭令招募砂丁定地開採斷不敢游
移觀望各等情除函致羅繞典㪅明主稟具

雲貴總督林則徐奏片　遵查黔省礦廠開採情形
道光二十九年三月二十日

奏外所有現查黔省開採情形臣謹附片奏
聞伏乞
聖鑒謹
奏

知道了

上諭　著照林則徐等請以廖惟勳調貴陽知府以朱逢莘補鎮遠知府

道光二十九年三月二十一日內閣奉
上諭林則徐羅繞典奏請另行揀員調補省會要知
知府一摺著照所請貴州貴陽府知府員缺准其
以廖惟勳調補所遺鎮遠府知府員缺即以朱逢
莘補授該部知道欽此

上諭 林則徐保送千總林貴春箭射無準著交部照例議處

道光二十九年三月二十四日奉

旨昨日兵部將保送曾經出力之貴州長寨營年滿千總林貴春帶領引見箭射無準此次著不准保送以觀後效所有原保之雲貴總督林則徐著交部照例議處欽此

三〇

請以李峥嶸補授開化府分防安平同知

雲貴總督林則徐等奏摺

雲貴總督林則徐等奏摺　請以李崢嶸補授開化府分防安平同知
道光二十九年三月二十五日

雲貴總督臣林則徐
雲南巡撫臣程矞采跪
奏為極邊要缺同知遴調乏員仰懇
聖恩俯准陞補以裨地方事竊照准陞雲南開化府
安平同知張錦在署蒙化同知任内因病出缺
所遺安平同知係衝繁難兼三要缺例應在外
揀選題調查該廳地處邊陲界連外域漢夷雜
處事務殷繁一切控馭撫綏均關緊要非精明
幹練熟悉邊情之員不足以資治理查滇省應
調之簡缺同知僅雲南府同知一缺而
題補該缺之吉祿尚未准到部覆即繁缺同知内
如巧家蒙化二缺遴員請補亦俱未准部覆此
外均現居要缺未便更易生手實無堪以調補

之員惟於應補人員內查有以同知直隸州遇
缺即補之保山縣知縣李崢嶸年五十七歲福
建舉人大挑一等以知縣分發雲南歷署羅次
永善定遠阿迷蒙化等縣州廳印務
題補新平縣知縣調補今職現署賓川州知州二
十八年因剿辦彌渡匪徒軍務出力奉
上諭李崢嶸著賞戴藍翎以同知直隸州遇缺即補
欽此復因拏獲迤西歷年抗拒官兵要犯多名
奏奉
諭旨李崢嶸著賞換花翎欽此該員勤練樸誠循聲
素著在滇年久熟悉邊務夷情以之陞補開化
府安平同知洵堪勝任惟張錦准陞該缺同知

尚未引

見即於本年正月病故應仍照原准部咨開缺日期
歸上年三月截缺該員李崢嶸係上年七月奉
旨以同知直隸州遇缺即補計奉
旨在截缺以後與例稍有未符惟該員歷俸已滿十
年本屬合例應陞且係因軍務出力以同知遇
缺即補之員人地相需例得專摺奏請據藩臬
兩司會詳請
奏前來相應奏懇
聖恩俯念極邊要缺需員准以應補同知之保山縣
知縣李崢嶸補授開化府分防安平同知實於
地方有裨如蒙

俞允該員於十年俸滿案內經部行文調取應俟部
覆至日併案送部引
見恭候
欽定其所遺保山縣知縣亦係極邊題調要缺容另
遴員調補再查該員前由新平縣調補保山縣
應完罰俸銀兩業據藩司查明完解清楚咨部
核銷其自准調以後續議罰俸各案照例飭令
依限完解合併陳明臣等謹合詞恭摺具
奏伏乞
皇上聖鑒訓示謹
奏
另有旨

三〇 雲貴總督林則徐等奏摺 請以李崢嶸補授開化府分防安平同知

道光二十九年三月二十五日

道光二十九年三月二十五日

雲貴總督林則徐奏摺　委令福陞接署鶴麗鎮總兵

道光二十九年三月二十五日

雲貴總督林則徐奏摺　**委令福陞接署鶴麗鎮總兵**

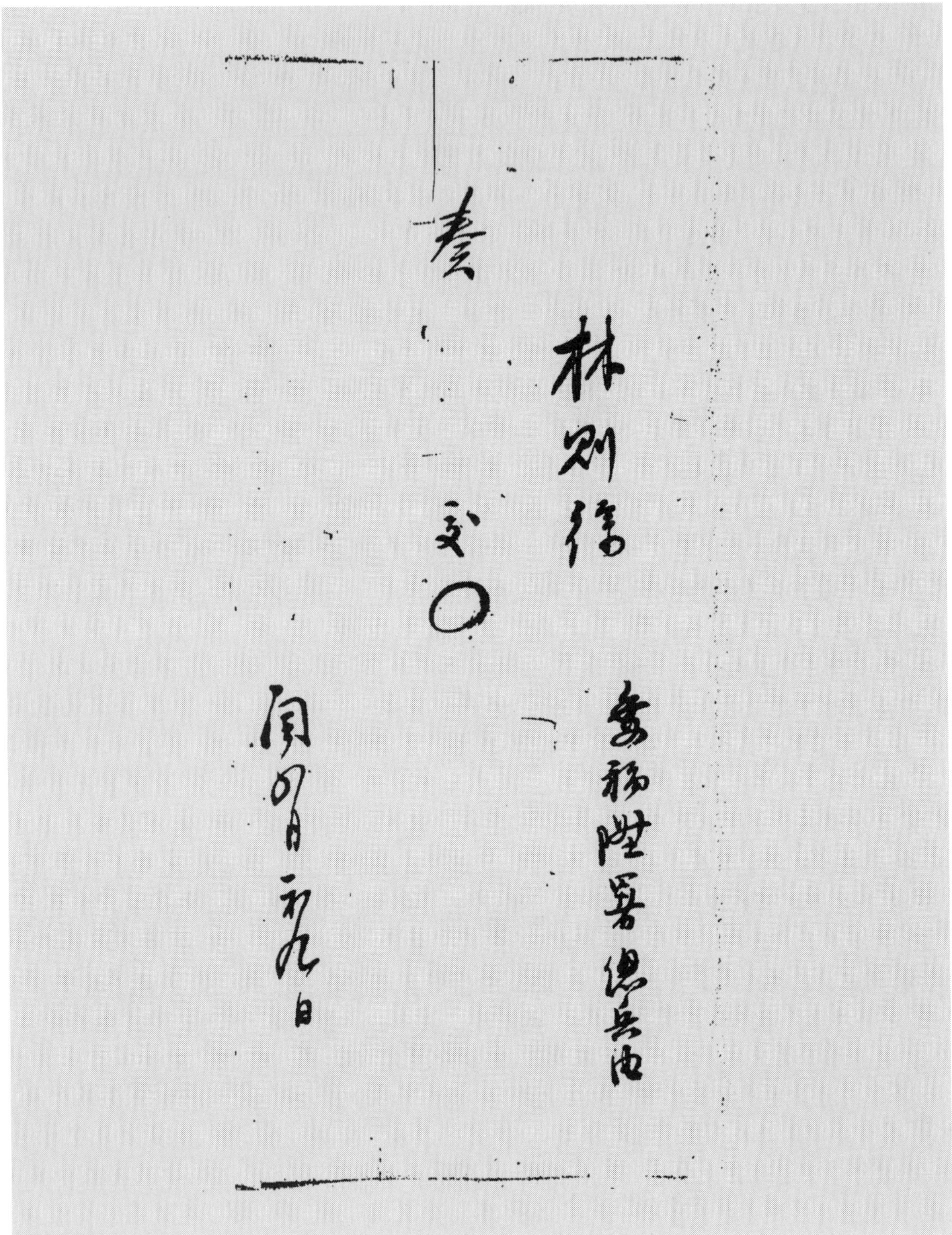
奏

林則徐

〇

委福陞署總兵由

閏四月初九日

雲貴總督林則徐奏摺　委令福陞接署鶴麗鎮總兵
道光二十九年三月二十五日

雲貴總督臣林則徐跪
奏為委署理鎮篆務恭摺奏祈
聖鑒事竊臣接准部咨據正紅旗滿洲都統咨稱據參雲
南鶴麗鎮總兵金仲之母未年病故等取同結口報
部咨同日查武職丁憂副將以上應回旗籍守制
其參將以下例不離任惟金仲離任持服參將
而現在護理鶴麗鎮總兵職分較重現既丁
憂似應飭令離任穿孝仍毋庸回旗守制以示
區別而符定例其本任總兵員缺亦先已進呈
陛見道遠回任需時該鎮總兵篆務亟須遴
將奇標廣南營參將查標轄之素自應委署接
署以專責成查臣到

雲貴總督林則徐奏摺　委令福陞接署鶴麗鎮總兵
道光二十九年三月二十五日

見回漢之雜西性則將福陞曉暢苗疆邊情堪
以委往接署除檄飭遵照外所有委署鎮篆緣
由理合恭摺具
奏伏乞
皇上聖鑒謹
奏
道光二十九年閏四月初九日奉
硃批覽欽此
三月二十五日

雲貴總督林則徐奏摺　請以豐伸署理雲南撫標中軍參將

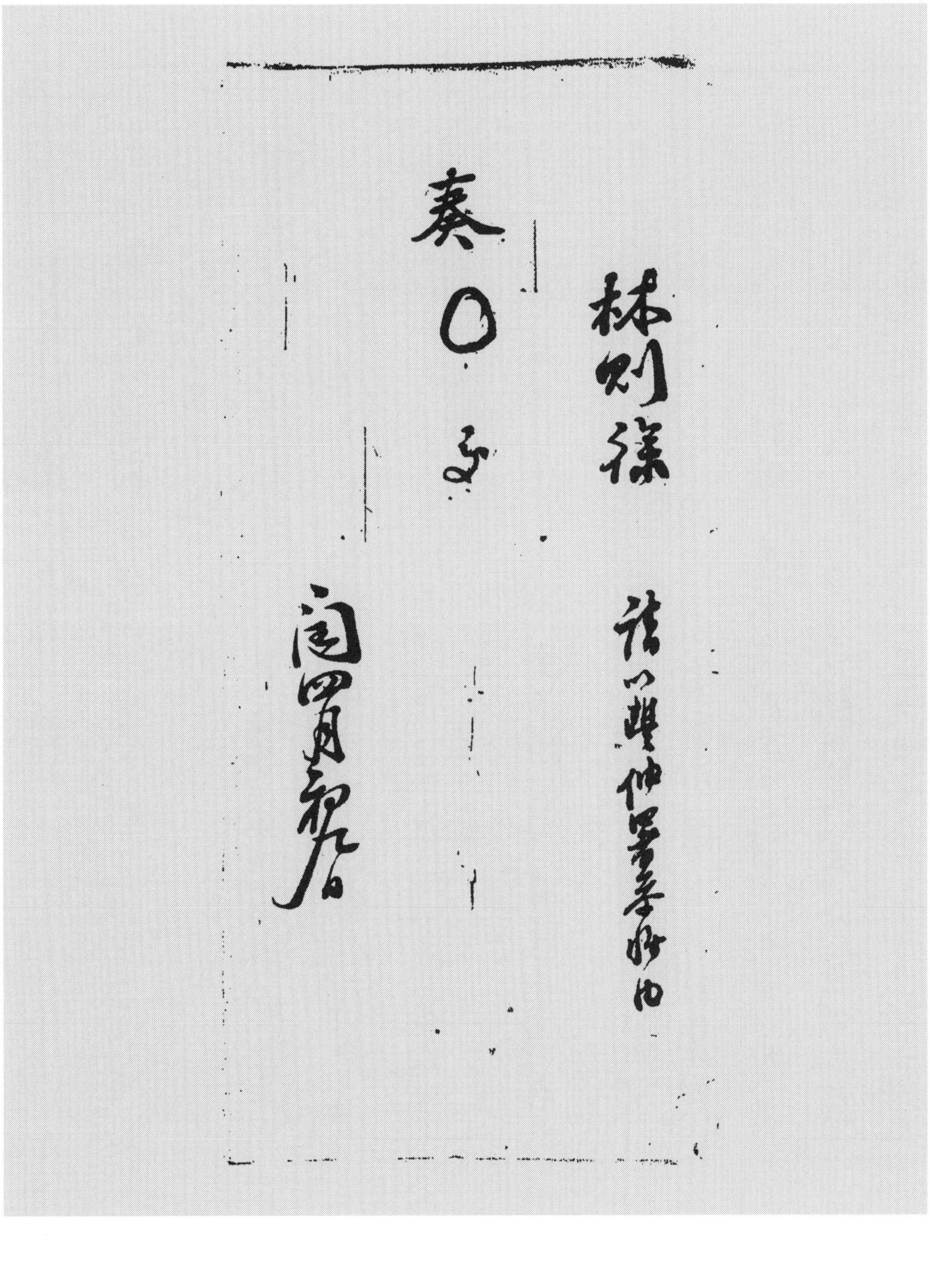
林則徐
請以豐伸署參將由
奏 ○
閏四月初[illegible]

雲貴總督林則徐奏摺　請以豐伸署理雲南撫標中軍參將
道光二十九年三月二十五日

雲貴總督林則徐奏摺　請以豐伸署理雲南撫標中軍參將
道光二十九年三月二十五日

雲貴總督臣林則徐跪
奏為省會參將要缺因揀發副將到標差遠之員現有服
制援案奏懇
聖恩俯准先行署札以符營制事竊據承准部資雲
南撫標中軍參將春普參革遺缺係題補之缺
輪用外缺係該省現無題補人員應輪用揀發人員
查揀發參將豐伸去冬抗河偶現有就喪此莫尚
未咨報到標應輪用應升應補人員今揀選題
補其揀到日查該參將雖劃有會兩分營餉袖
非熟悉營辦之員未易勝任填省參將揀發
的豈無補之員甚難得遴選十八員內之俱
有一員合例而人地未甚相宜未便稍事遷就

現查滇省既無熟悉情形之邊疆可有堪膺撫標中軍
參將一缺本應輪用揀發人員補此一次前於上
年十二月初間標省須歷練的程查有初標左先之
揀發參將豐伸第四十六號正紅旗滿洲人由二等
軍歷升副護軍參領揀發來滇以參將用
道光二十六年七月到標歷經委署尋霑營
參將騰越協副將篆務現委署鶴麗鎮
總兵於營務已能整飭該員年壯才練遇事
向前洵足以勝撫標中軍參將之任非卸
若該員現有執喪未便遽請補授第查武
職人員丁憂服未屆滿曾經奏准先行署札
有案合無仰懇

三〇　雲貴總督林則徐奏摺　請以豐伸署理雲南撫標中軍參將

道光二十九年三月二十五日

天恩俯念雲南撫標中軍參將員缺緊要准以揀
發參將豐伸署理先行給予署札以專責成
如蒙
俞允並俟豐伸任事
步揀發來滇以參將用署日已久如屬是送部引
見仍俟服闋後另請實授合併聲明以為要缺擇人
起見謹會同雲南撫臣程矞采提督榮玉材合
詞恭摺具
奏伏乞
皇上聖鑒訓示謹
奏
道光二十九年閏四月初九日奉

雲貴總督林則徐奏摺 請以豐伸署理雲南撫標中軍參將
道光二十九年三月二十五日

硃批兵部議奏欽此

三月二十五日

三〇 雲貴總督林則徐等奏摺 請將滇省捐輸銀兩先行撥還歸補兩次借墊軍需款項

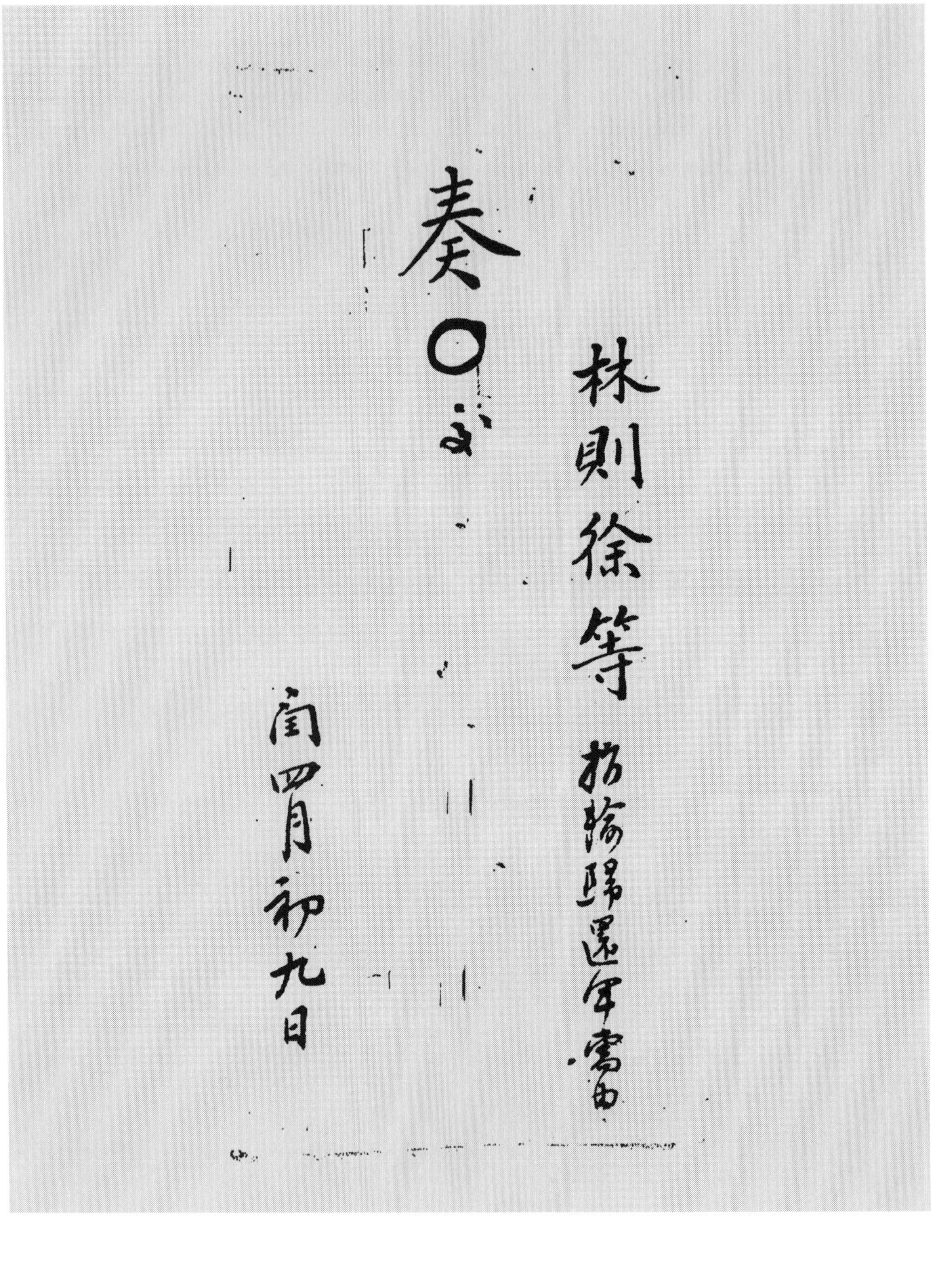
林則徐等
捐輸歸還軍需
奏〇
閏四月初九日

雲貴總督林則徐等奏摺 請將滇省捐輸銀兩先行撥還歸補兩次借墊軍需款項

道光二十九年三月二十五日

雲貴總督臣林則徐跪
雲南巡撫臣程矞采
奏為滇省上兩次借墊軍需款項請將捐輸銀兩
先行核數歸還恭摺奏祈
聖鑒事竊照雲南迤西永昌等處自道光二十五年
漢回搆釁以後節次用兵所有動用軍需均先
籌款借墊除二十五年動借鹽課銀十萬五千
五百八十兩經前督臣
奏請由本省官紳商灶捐輸並攤廉歸還原款奉
旨免其造冊報銷於其二十六年自春至冬因永昌
順寧雲州緬寧各回匪復經疊出滋擾兩次調
兵勦辦經費繁多先後奏蒙
恩准滇黔兩省一體收捐以還借款臣等於二十七年

劄經該欽遵撥辦本以年底截止繼因保山
復有軍務
奏准接續捐輸一年統計兩省前後收捐共銀五
十四萬九千六十八兩於截數後會核具
奏在案惟先准戶部咨稱上兩次借墊軍需每
次動用若干歸還若干飭令詳細聲叙專摺奏
明辦理等因奉
旨依議欽此臣等遵查二十六年兩次軍需動用銀
數已於二十八年核明一切款目分案
題銷因其中有飭行歸還原借之項亦有各屬墊
辦應給找領之項均須候部核覆分別辦理
難於節次

題奏案內估價聲明但找領尚不足實而借款亟
宜歸補茲捐輸既已截數銀經司庫收存所有
上兩次借墊之項自應先行歸還以免懸款當
經飭據報銷軍需總局之司道會同核明詳請
撥歸前來臣等覆查二十六年春間辦理永昌
順寧軍需據承辦各員造冊報經軍需局核准
彙銷銀十四萬六千五百十九兩零此內先已撥
解大理永昌兩局支發銀十二萬五千兩係
奏明借動鹽課項下又是年冬間辦理雲州緬寧
軍需據承辦各員造冊報經軍需局核准彙銷
銀二十三萬五千三百三十九兩零此內先已
撥解大理順寧兩局支發銀十九萬九千兩係

奏明在於鹽課留備道費項下先借銀四萬兩，續
又在於鹽課項下借動銀十五萬九千兩，二共
借銀十九萬九千兩。查此二案軍需共報銷銀
三十八萬一千八百五十九兩零，作為承辦各員
賠償墊辦未領銀共五萬七千八百五十九兩
零，各係奉准部覆再行找發外，自應遵照部
咨先將前次動撥鹽課銀二十八萬四千兩，鹽課
銀四萬兩，在於收存捐輸銀五十四萬九千餘
兩內先撥銀三十二萬四千兩，補還原借之款，
以歸實貯。此外仍存捐輸軍費銀二十二萬五千
六十八兩，係前兩案軍需報銷奉准部覆再
行遵照核銷實數找發各員墊辦之款，仍有餘存

雲貴總督林則徐等奏摺 請將滇省捐輸銀兩先行撥還歸補兩次借墊軍需款項

道光二十九年三月二十五日

捐輸銀兩若干悉行聽候部撥至二十八年以前
辦理保山軍需動用經費先經
奏准在於本省分年籌還不敢動支捐輸銀兩合
併陳明俟咨軍機處戶部科查核如有查明
兩次軍需動款先將捐輸銀兩撥還歸補謹合詞
恭摺具
奏伏乞
皇上聖鑒謹
奏
道光二十九年閏四月初九日奉
硃批戶部知道欽此
三月二十五日

雲貴總督林則徐等奏摺 **續獲迤西逸犯審明分別定擬情重各犯遵旨就地正法**

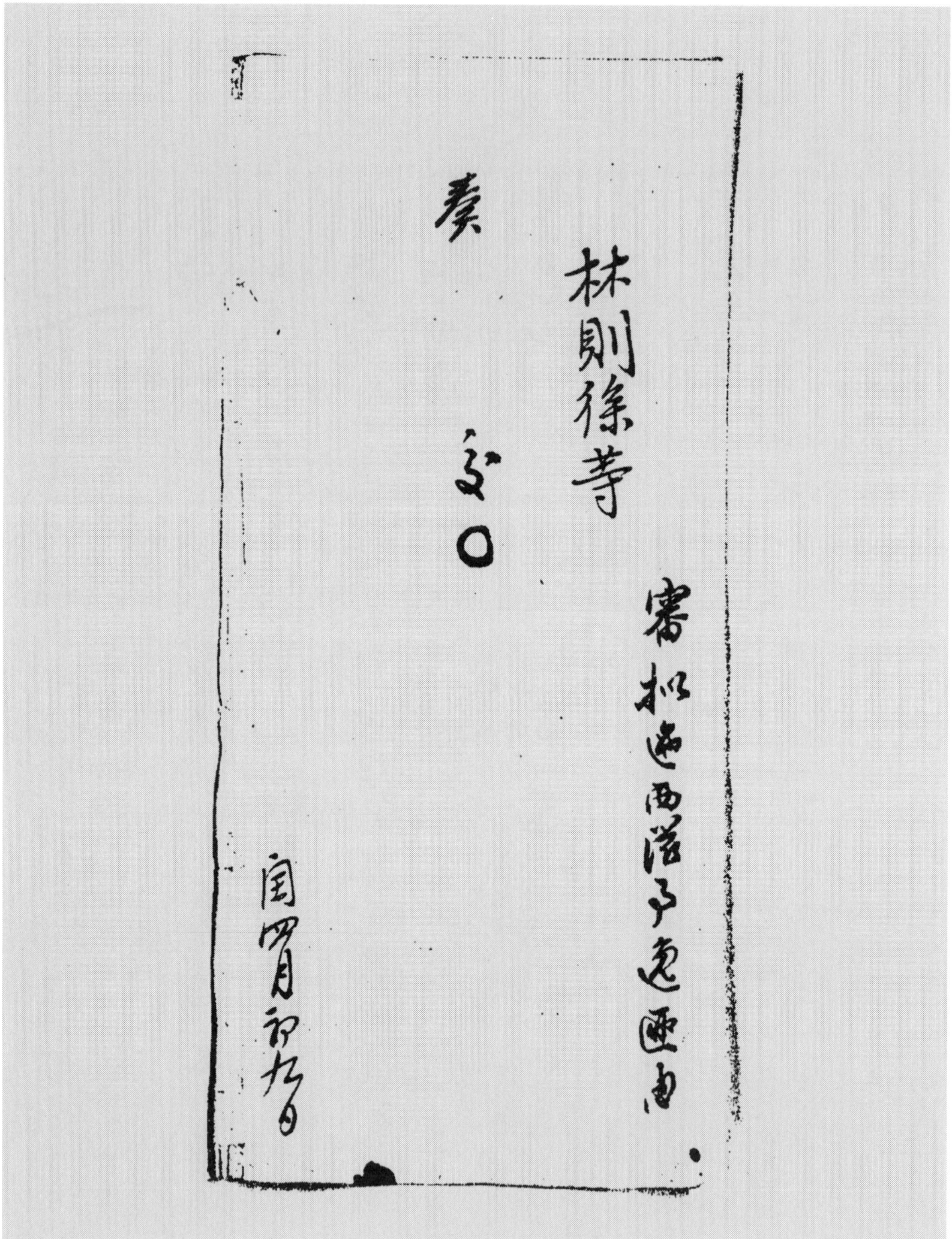
審擬迤西滋事逸匪由
林則徐等
奏
交○
閏四月初九日

雲貴總督臣林則徐
雲南巡撫臣程矞采跪

奏為續獲迤西滋事漢回逸匪審明分別定擬並將情重
各犯遵
旨就地正法以彰炯戒恭摺奏祈
聖鑒事竊臣等將拏獲迤西一帶歷年滋事漢回匪
犯一千一百餘名又續獲漢回逸匪一百餘名均經
審明定擬先後繕摺
奏報在案伏思迤西漢回自道光二十五年以來互啟
搆釁外匪之假依附既多以惡之嚚淩藉熾經上年
大振軍威之後殲戮固已無算而陸續拏獲懲办
者亦至一千二百餘名人心莫不震懾現在風威已
著除現在地方甚形綏靖惟窮竄餘匪恐有搜

捕未淨紛紛謀害俟等以期盡除萌蘖不得稍
方鬆動節據委任順寧縣楊觀周委任雲州吏
目鈕鳴皋會營等拏獲曾在雲緬滋事迤西馬幗
雄一名并該縣楊觀等拏獲永平迤西馬由獻一名
又據現署順寧縣韓捧日署右甸經歷周子彬會
營等拏獲曾在永順等處滋事漢回劉錫慶童小
恒林炳汶唐幗楷四名又據永北同知劉沛霖拏獲
曾在永昌滋事迤西向老十一名又據署賓川州李峰
嶸等拏獲曾在永昌滋事迤西王信一名又據請補寶
寧縣袁欽宗會同賓川州役拏獲曾在雲緬滋事
迤西熊占沅一名又據曾任雲州吏目鈕鳴皋帶
同賓川州役拏獲曾在永順等處滋事漢回馬

與潰蕭五條胡老三三名又據該吏目會同右
甸經歷周子彬等獲前在右甸滋事漢匪穆
小双一名又據提標外委高步雲在四川塩源縣地
方協同縣役並永北同知役等獲前在永昌滋
事匪回海起隴一名又據委員寧台廠員汪之
旭等獲前在永順滋事匪回馬六十二一名又據
署保山縣陸藻等獲[illegible]匪滋事餘黨兆同緣
一名以上共計獲犯十八名據該廳州縣等訊
供各據當經臣等批令解交該管之順寧大理
永昌等府覆審解道內除劉鍋磨一名業已在
監病故外其餘馬幗雄等十五名由迤西道王
發越先後挨名提勘明確分別定擬移司詳擬

雲貴總督林則徐等奏摺　續獲迤西逸犯審明分別定擬情重各犯遵旨就地正法

道光二十九年三月二十五日

皇上聖鑒核詳請
奏前來臣等覆加查核內馬幗雄劉錫唐白老十
王倌馬與賢海起隴馬八十二馬海隴
九犯係緬寧保山宣威州永平及陝西長安郃陽
鳳翔等州縣回民蕭五發胡老三二犯係宣威
會澤等州縣漢民道光二十八年間前獲正法
之回匪馬幗海及滋擾之收富等發覺查拿順雲
緬等處滋事該犯等先後聽從前往隨同抗拒
官兵焚搶村寨該犯馬幗雄在緬寧雲州蠻怕
寨跟隨圍攻與省兵接仗並殺斃練勇五名
並聽從燒搶村寨先傷後致斃漢民男婦幼孩大
人搶奪銀物不計確數劉錫唐在彌渡順寧飛

石白太力哨等夷與官兵接仗共殺斃賊勇
九命白老十查乘昌枯樹河等夷與官兵接仗共
殺斃賊勇四命王儒亦查枯樹河等夷與官兵接
仗共殺斃賊勇二命並聽從燒搶村寨得贓
銀物熊占沅查酒窖雲州蠻帕寨等夷與官兵
接仗共殺斃賊勇二命馬興貴亦查蠻帕寨與
官兵接仗殺斃賊勇一命海起龍查乘昌烏鴉
河與官兵接仗殺斃賊勇一命馬占千二蕭五
係胡老五均被馬帼海等脅令同行或為挑負
器械或為燒火煮飯看守什物並未聽從打仗
惟於馬帼海等搶掠財物隨同分維馬為賊因
為經識斃之匪黃巴巴什余稚永昌陳事殿遏得

該犯入夥該犯僅同斂助給牛馬銀錢並未隨同前往
又童小恆穆小双林炳汝唐帽楷四犯係保山順寧等
縣漢民於道光二十八年十一月間前被正法之廣匪花小黑
等夥同徐由各帶兵器赴右甸街搶奪回民財物邀
允該犯等入夥同搶童小恆殺斃回民三命穆小双殺
斃回民男婦各一命林炳汝唐帽楷僅止在場助
勢並未幫同拒捕嗣花小黑復糾搶擾庭回寨該犯
等隨從入夥亦未傷人分得贓物不記確數四犯均係
一犯係保山縣漢民道光二十八年十一月初旬前
獲正法之沈振達因挾嫌起意糾眾進城攔
殺回民該犯聽從入夥來至下手傷人曾
乘機搶得財物以上各犯情節雖經畏

所有審明由迤協轉交之陳經臯司擬辦似屬
迤飭查律載凡謀叛但共謀者不分首從
皆斬又例載白晝搶奪殺人者擬斬立決該
本係幫助成傷攻截擋追兵之四千里充軍各等語此
案馬幗雄所從馬幗安等件仍係事拒敵官兵殺斃
係男五命復所從搶奪先後該漢民男婦幼孩
七人李姓外伊各姓是乃一家劉錫庚甘隨同拒敵官
兵殺斃係男自一命至九命不等俱屬罪大惡極馬
幗雄劉錫庚白老十王僑然石沅馬與漢海把識均應

且謀叛但共謀者不分首從皆斬律擬斬立決從重加
擬梟示杜來係比照向擬應免緣坐劉錫唐葉已照兇且
縱戕殺童小恒等聽從花小黑六等糾約擄奪內童小恒殺
斃回民三命穆小雙殺斃回民二命均者殺一家借居且
自畫擄奪殺人共擬棟斬立決擬斬立決非肆擄持刃
斃事主二三命情殊兇殘亦請加擬梟示查孫甘均
兇惡素著未便稍稽顯戮茲合飭首審亦程迤寫素
照被殊處應欽遵現奉
諭旨即行就地正法臣等於搶殺各犯皆會提臣葉玉材會同迤西
道王發越監提馬帼雄白老十王信懿應沅馬興讀
海把脫童小恒穆小雙花八犯恭請
王命即行正法傳首各犯事地方并孚示眾以昭炯戒馬六

十二歲之帛胡老三被馬幗海等脅令服役並無隨同
抗拒官兵馬兩成尚貴巴巴躲令入籍滋事雖未賞同
幫助給牛馬民丁合房濟惡張同孫明臣沈推選什
約摟殺回民雖未傷人惟助勢搶竊亦屬藐法應
均照謀殺不分首從斬罪上量減一等擬發新疆給官
兵為奴馬兩饑仲房回民照例調發林炳汶唐幗楷所
從犯小黑等伴換偽賊尚意小恆等拒捕事至之時供
在場目擊所屬而從均應照搶奪殺人為從未經幫毆
成傷者發極邊足四千里充軍擬發極邊足四千里
充軍以上馬六十二等七犯應刺字者照例刺字應遞
贓者照數追賠分別宣於發配拘管安置該犯劉
錫唐業經病故應毋庸議所名照例免開何餘

各該文武隨時嚴拏迅速務獲總不任使根株未

絕迤境得以綏靖除備錄供招冊咨部其獲犯職名查取另

行開摺外所有續獲迤西漏網逸犯審明分別定擬

並將重犯先行就地正法緣由謹合詞恭摺具

奏伏乞

皇上聖鑒敕部核覆施行謹

奏

道光二十九年閏四月初九日奉

硃批刑部議奏欽此

三月二十五日

雲貴總督林則徐奏片

滇省道光二十八年秋審新事常犯勘無冤抑

林則徐片

再，雲南省本年秋審除舊事服制常犯各案俱
照舊章核分題請外，新事常犯八十一起人犯一百
三十三名，服制三起人犯三名，經臬司暨藩
會商司道分別酌擬情實緩決，再呈送臣
按起確核，其可矜可疑，似不復營商安改，以期
情法適平。其各案人犯內有離省窵遠者，照例由
該管道府勘其招供，應解者即日赴省審勘，在
省司道逐起親勘，俱稱服罪承認，並無枉冤
抑之犯。除彙疏具
題外，理合附片具陳，伏乞
聖鑒。謹
奏。

雲貴總督林則徐奏片　滇省道光二十八年秋審新事常犯勘無冤抑
道光二十九年三月二十六日

道光二十九年閏四月初九日奉

硃批覽欽此

雲貴總督　三月廿六日

吏部尚書文慶等奏摺

請將雲貴總督林則徐降一級留任例准抵銷

奏

吏部尚書文慶等奏摺　請將雲貴總督林則徐降一級留任例准抵銷

道光二十九年三月二十八日

吏部尚書臣文慶等謹

奏為遵

旨議處具奏事內閣抄出道光二十九年三月二十

四日奉

旨昨日兵部將保送曾經出兵之貴州長寨營千總

林貴春帶領引見箭射無準此次著不准保送以

觀後效所有原保之雲貴總督林則徐著交部照

例議處欽此欽遵抄出到部　查道光二十五

年七月初一日奉

上諭向來武職引見人員弓箭生疎降旨將原保官

交部議處吏部議以降留兵部議以降調殊不畫

一嗣後俱著定以降一級留任可否准其抵銷聲

吏部尚書文慶等奏摺　請將雲貴總督林則徐降一級留任例准抵銷

道光二十九年三月二十八日

明請旨欽此欽遵在案此案兵部帶領引

見之貴州長寨營千總林貴春箭射無準欽奉

諭旨此次著不准保送以觀後效原保之雲貴總督

林則徐著交部照例議處應請將雲貴總督林則

徐照例降一級留任係公罪例准抵銷可否准

其抵銷之處恭候

欽定臣部再行辦理所有臣等遵

旨議處緣由理合恭摺具

奏伏乞

皇上聖鑒

訓示遵行謹

奏

吏部尚書文慶等奏摺 請將雲貴總督林則徐降一級留任例准抵銷
道光二十九年三月二十八日

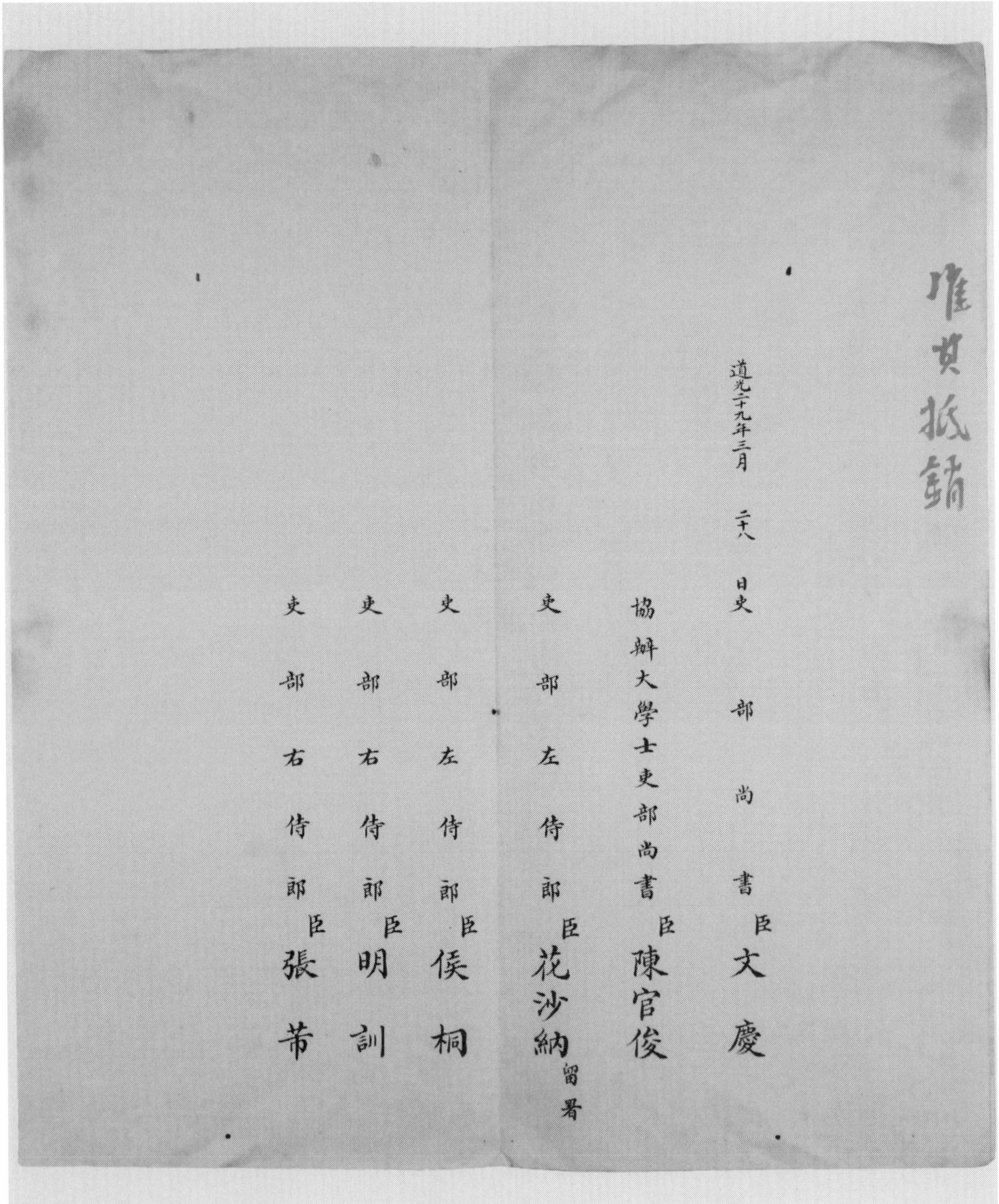

准其抵銷

道光二十九年三月二十八日

吏部尚書臣文慶

協辦大學士吏部尚書臣陳官俊

吏部左侍郎臣花沙納留署

吏部左侍郎臣侯桐

吏部右侍郎臣明訓

吏部右侍郎臣張芾

軍機大臣載銓等奏摺

會議林則徐等奏查勘滇省礦廠情形均係核實辦理並酌改章程

臣載銓等跪

奏為遵

旨會議具奏仰祈

聖鑒事道光二十九年三月二十六日雲貴總督臣

林則徐雲南巡撫臣程矞采奏查勘滇省礦廠

情形一摺奉

硃批原議王大臣會同該部議奏欽此臣等伏查該

督撫等原奏援據周禮證以在滇見聞所及歷

陳礦廠開採詳細情形並稱雲南定有課額十

五銀廠年應抽解課銀二萬四千一百十四兩

零續報之廠內惟東昇一廠出產較多其儘收

儘解則有用麟太和悉宜白羊四處茲蒙

諭令於所屬境内確切查勘廣爲曉諭酌量開採自
應於舊廠之外加意稽查當飭藩司遴擇曉事
委員分路廣覓即據該委員及該地方文武以
坤勇箐三股小凹子興隆山白得牛寨象山等
處有礦可採先後據實具禀現已飭令速將礦
砂煎揉解騐應抽課銀先許儘收儘解試辦一
年察定情形再將抽解數目入額請撥此外更
爲覓採如能採辦數多應先遵照
朝議商給優奬官請議叙以期率作盡事奮勇爭先
期舊廠雖多衰歇然習於廠事如錘手背夫措
爐下罩之人所見即多當知補救即或需費工
本但能先難後獲亦當設法爲之儻係硐產全

枯即於儘收儘解各廠中奏明抵補總比舊額有盈無絀至辦廠先須備齊油米柴炭資本甚鉅非一人之力所能獨開應仍招集商民聽其朋資夥辦等因并酌擬章程四條合詞陳奏奉
旨交臣等覈議臣等查開採礦廠一節上年於會議摺内奏明請令各該督撫於所屬境内確切查勘將如何開採如何定立章程隨時奏聞等因
奏
旨允准在案兹據雲貴督臣雲南撫臣查明滇省礦廠情形請舊廠確切清釐新廠試行開採臣等覈其所奏均係爲覈實辦理起見謹就原議章程四條逐加詳覈恭摺覆奏謹呈

御覽
一曰寬鉛禁據原奏内稱大花銀礦細花銀礦實皆鉛礦鉛礦百斤煎鉛得半即為好礦好鉛十斤者得銀六七錢次者二三錢除抽課工費之外祇敷半本其銷團底母溜成黑鉛售賣始獲微利滇省向因黑鉛攸關軍火曾有比照私賣硝磺辦罪之案故罏戶所餘底銷皆為棄物虧本遁多查黑鉛一項或錘錫箔或練顔料原非僅造鉛彈律内並無黑鉛不准通商之文且貴州之柞子廠四川之龍頭山黑鉛均准售賣滇省事同一律如准將底銷出售以補成本之虧庶不致於退歇况售賣底銷必有行店其發運若

干令廠員驗明編號填給照票俟運至彼處即將照票赴該地方衙門繳銷既可杜其走私並得沾有利益等語臣等查礦廠既由商民採辦必令沾有利益庶幾經久可行若如所稱好鉛十斤僅得銀二三錢及六七錢不等其餘黑鉛一概禁賣勢必盡為棄物未免有虧成本既據奏稱貴州四川黑鉛均准售賣滇省事同一律應如所奏准將底銷出售惟禁令既寬防維宜密銷行黑鉛之地未必定在一路其所稱行店發運若干令廠員驗明編號填給照票及運至彼處繳銷照票之處應如何設法防範彙總稽查不使少有偷漏俾給票銷票章程不致有名無

實應仍令該督等悉心籌畫詳查妥議奏明辦理總期於廠民有益仍不致有奸商滋弊是為至要。

一曰減浮費據原奏内稱雲南五金之廠皆有廠規其頭人分為七長每開一廠則七長商議立規名目愈多剝削愈甚查歷辦章程迤東各廠硐戶賣礦按所得礦價每百兩官抽銀十五兩謂之生課迤西各廠硐戶賣礦按煎成銀數每百兩抽銀十二三兩不等謂之熟課皆批解造報之正款必不可少此外有所謂撒散者則頭人書役巡練之工食薪水出馬有所謂火耗馬腳硐主硐分水分以及西岳廟功德合廠公費

等名目皆頭人所逐漸增添者雖不能盡裁亦必須大減等語臣等查商民備有資本應募開採其無益之規銀少一分剝削即出資之良民多一分沾潤應如所奏嚴切曉諭刪除浮費庶不致成本過重畏累不前至新廠抽課或照生課抽納抑照熟課抽納應令各該地方情形酌覈辦理仍飭承辦各員確切查明毋任商民隱漏滋弊

一曰嚴法令據原奏內稱向來廠上之人殷實良善者什之一獷悍詭譎者什之九分則爭相雄長合則併力把持是以有礦之地不獨官懼考成並紳士居民亦皆懍然防範今興利必先除

害非嚴不可即如所用鉄器錘鏨鍋鏟采刀準帶外一切鳥槍刀械全應收盡方許入廠其駐廠彈壓之印委員弁皆准設立枷杖等刑具有犯先予枷責或插耳箭遊示期於小懲大戒若廠匪胆敢結黨仇殺多命强奸盜刦擾害平民責令該府州廳縣會同營員立即兜拏務獲審明詳定之後請照現辦迤西匪類章程就地請令正法俾觸目警心懲一儆百等語臣等查礦廠處所地廣人衆良莠不齊若非有犯即懲不足以資整飭該督撫等所稱係因豫為防患起見應如所奏辦理惟外省差委各員往往以奉委為上司調劑或有不知體要釀成事端此弊亦

不可不豫為防範所有此次辦理廠務派委駐
廠彈壓印委等員務宜慎選廉明公正堪以服
衆之人庶克消患於未萌尤為至要
一曰杜詐偽據原奏内稱礦廠向係朋開自必見
有好礦而後合夥滇省有一種詐偽之徒慣以
哄騙油米為伎倆於礦砂堆中擇其極好淨塊
作為樣礦示人慫恿出資承攬既多身先逃避
又廠上買礦賣礦之時復有一種積蠹插身説
合往往私抽釐頭為之裝蓋底面顛倒好醜為
貽害廠務之尤嗣後訪獲此等匪徒加重懲辦
等語臣等查裝點樣礦哄騙出資及裝蓋底面
顛倒好醜各弊理宜實力查禁現值清釐舊廠

開採新廠之時尤當嚴行懲治庶廠務肅清良
民不致裹足應如該督撫等所奏遇有前項弊
端即行按律加重懲辦
以上各條臣等謹照原奏公同酌覈繕摺具奏
所有該省廠務舊礦務宜覈實清釐新礦仍宜
廣為採覓總期稅課日豐功歸實際其有未盡
事宜仍令該督撫等隨時察看情形奏明辦理
謹將臣等遵
旨會議緣由據實具陳是否有當伏乞
皇上聖鑒訓示謹
奏
道光二十九年四月二十三日奉

旨依議欽此

臣載銓
臣仁壽
臣春山
臣綿岫
臣綿勳進班
臣穆彰阿
臣潘世恩
臣宗室耆英差
臣卓秉恬
臣琦善四川總督
臣陳官俊赴庫
臣賽尚阿

臣祁寯藻

臣陳孚恩

臣阿靈阿

臣趙光差

臣王廣蔭留署

臣福濟驗錢

臣朱鳳標驗錢

雲貴總督林則徐等奏摺

普洱府屬他郎廳督辦開採請酌更營制以資彈壓而重邊防

雲貴總督林則徐等奏摺　普洱府屬他郎廳督辦開採請酌更營制以資彈壓而重邊防

道光二十九年四月二十七日

雲貴總督臣林則徐
雲南巡撫臣程矞采跪

奏為普洱府屬之他郎廳地居邊要現在督辦開
採更宜駐以重兵擬移游擊大員並請酌更營
制以資彈壓而重邊防恭摺奏祈
聖鑒事竊臣等於本年二月間會奏遵
旨試行開採摺內聲明他郎通判所轄之坤勇箐曾
出金砂因游民私採鬬爭將山封閉但金砂不
時湧現難免去者復來又近處勘有草皮銀礦
現亦有人偷挖此次官為督辦必須多兵彈壓
容臣等斟酌調遣一俟布置定局再行縷析奏
聞在案維時營制未經議定先於附近該廳之普洱
臨元二鎮元江新嶍二營共派兵三百名交護

臨元鎮左營都司陳國樑帶往駐廠暫為彈壓
並委候補通判卓樔永平縣知縣文定仲各賫
告示令箭前往會同他郎通判倭克金布選充
頭人課長議立約束章程並責成鎮將道府各
大員就近稽查督辦惟念兵雖暫駐究非經久
之謀而地在沿邊尤重藩籬之固查他郎地方
遼濶東南兩境遠與老撾交阯暹羅緬甸有路
相通就邊防而言本應以重兵扼要駐守今該
處文員係普洱府之通判分駐而同城之武汛
千總又不歸於普洱鎮管轄而係臨元鎮所屬
之元江營參將分弁赴防是文武雖在一城而
一則隸於臨元一則隸於普洱遇有要事為文

職者固可於駐劄普洱之道府稟請遵行而武
職營汛事宜普洱鎮不能過問須由元江營轉
稟臨元鎮指示辦理道路既多紆折輾轉更致
躭延在無事之時或尚不甚緊要值此新開礦
廠人數日見眾多尤應文武和衷聯為一體始
免事權歧出呼應不靈且查滇省額設六鎮總
兵本皆有中左右三營以符規制惟普洱鎮左
營游擊因與威遠新嶍兩營屢次互相改換故
現在該鎮祇存中右二營與各鎮殊不一律似
應復還普洱左營游擊以昭體制而重邊防惟
營缺未敢擅添自應量為移改因查新嶍營游
擊向係駐劄元江州屬之新平縣城而其分防

之嶍峩縣汛則又屬於臨安府是彼處文武所
轄亦復兩歧查新平係在元江腹內又有他郎
當其東南以為屏蔽前因境內有魯魁哀牢兩
山易藏匪類是以曾設專營今新平地方較之
昔時大為安靜其嶍峩尤為腹地更可將汛務
歸入臨元鎮標所有新嶍游擊一缺似可移駐
他郎作為普洱左營游擊廠務既資彈壓邊防
亦更森嚴以視目前派往客兵祇係暫時駐劄
者自必倍形得力第游擊既移其中軍守備一
員自應隨往又左右哨兩千總亦應酌帶一人
與原駐他郎城內之千總各分左右哨至元江
營本有把總一弁帶兵四十五名分駐他郎之

阿墨汛又有分駐邦轟宿南兩汛之外委二人
共帶元江兵六十五名今應移歸新設游擊管
轄又普洱中營亦有一把總一外委帶兵七十
九名分駐通關哨汛距他郎較近亦應歸於該
游擊管轄此外尚有應帶弁委及酌添馬步各
兵或由新省原營移撥或由普洱鎮標改添均
俟該鎮將議覆至日另咨兵部立案惟新平舊
分十汛地勢亦屬綿長若游擊移駐之後僅以
千把總領其汛地恐職分太微難資管束應另
移守備一員作為總轄行據臨元鎮總兵李能
臣稟覆該標左營本有都司可以經管錢糧等
事其左營守備尚可通融移駐新平作為元江

營右軍守備仍隸該鎮統轄其元江營參將應
卽改名元新營以符名實以上擬更營制大概
情形經臣等飭據藩臬兩司暨督糧道轉移臨
元普洱鎮道並行該處府州分別籌議詢謀僉
同茲據該司道等會詳請
奏前來相應仰懇
聖恩俯念邊疆營汛因時制宜准將原設新嶍營游
擊移駐他郎作為普洱鎮左營游擊其新平汛
駐劄守備等員弁歸於元江營管轄將嶍峩汛
歸入臨元鎮標如此量為轉移則文員之該管
道府與武員之該管鎮將悉歸畫一似公事可
免歧悞而邊境更冀肅清如蒙

俞允所有衙署兵房凡可彼此互換者皆毋庸另議惟他郎城內應添蓋游擊守備衙署及自他郎城外至坤勇箐礦廠等處如有扼要控制應須建蓋汛房者一切工料所需均由臣等督屬籌捐辦理惟營分職名有應酌改之處應再洛部酌換關防等項以昭信守至官兵係通融移撥並無格外加添其原支俸餉廉費各銀無所增損惟查鎮標官兵領餉例由中營彙數請領轉給開支而他郎距省程途較之普洱中營稍近數站若必將該營俸餉解回中營之後又解左營未免徒多往返擬令嗣後該鎮標遣官來省領餉回鎮即於路過左營之便先將該營俸餉

等銀交給該游擊具領收放以省重疊來回又兵米一項從前他郎駐兵本少該廳徵放本色之外尚有餘存本折分别撥解今移駐兵數既已增多該處糧販本稀自應責令他郎通判槪徵本色以資散放其由普洱元江撥出之兵該原營應減本色改折徵解至各營汛軍裝器械亦可酌量抵换彼此互改營名毋庸紛紛搬移以歸省便其餘未盡事宜另容隨時酌覈分别題咨辦理總期開廠籌邊兩有裨益以仰副聖主整飭營伍綏靖地方之至意所有會籌移駐緣由臣等謹合詞恭摺具

奏伏乞

雲貴總督林則徐等奏摺　普洱府屬他郎廳督辦開採請酌更營制以資彈壓而重邊防
道光二十九年四月二十七日

皇上聖鑒勅部覈覆施行謹
奏

該部速議具奏

道光二十九年四月　二十七　日

雲貴總督林則徐等奏摺 訪獲舊日盜挖礦廠人犯飭解審辦情形

奏

雲貴總督林則徐等奏摺　訪獲舊日盜挖礦廠人犯飭解審辦情形

道光二十九年四月二十七日

雲貴總督臣林則徐
雲南巡撫臣程矞采跪

奏為他郎廳開礦事宜甫將章程立定茲訪明曾
經滋事之廠匪挐獲多名飭解普洱府嚴行審
辦務使廠民知儆謹將大概情形恭摺奏祈
聖鑒事竊臣等前經訪知他郎廳之坤勇箐出有礦
硐當即欽遵
諭旨試行開採擬選殷實良善之戶作為頭人招募
砂丁逐層約束並以前此偷挖滋事驅逐復來
者亦當訪挐究辦以示懲儆業經會摺奏
聞在案嗣據委員通判卓標知縣文定仲前後會議
章程十餘條並將在廠各項人丁名冊查明籍
貫年貌詳細開報覈其逐層管束之法每砂丁

二十五人設有丁目一名每丁目十人復設丁
長一名積至砂丁一千人另設總頭一名而仍
選立客長五名總司稽覈又責成鑲頭報窀新
礦爐頭請票扯火課長掌秤抽收彼此互相稽
查隨時示以賞罰復以課書練役分段梭巡雖
事務甚繁而約束尚無鬆懈並據該委員等稟
稱金砂實極微細每日淘水搖牀所得僅以分
釐計勢難按則抽金惟銀礦漸由子欀而得正
欀目下丁力加多可期進山接礦請將金課亦
覈作銀抽解以免瑣屑畸零查其所稟委係實
情當即批准照辦惟訪聞原先偷窀之人多欲
朦混入廠此內有曾糾眾互鬬致相殘殺者亦

有擾害村莊被人控告者目下若不先為訪拏則此輩自矜得計必致故惡復萌而眾人相率效尤亦恐逞強滋事臣等飭據普洱臨元他郎等處文武先後密稟訪有外來滋事之匪首黄應倡於上年十二月間未經奉文開採即欲恃強先來穵礦率夥盤踞罵泥街該處居民被其擾害協力驅逐本年二月初間與其黨邱綱移至戛楚地方復圖佔擾又有臨安匪徒支老五等及元江他郎夷匪楊卜喇等皆係著名之犯與外來各匪在蘇栗樹石頭寨等處分類糾鬭互有殺傷其乘機分竄偏僻村寨勾結搶掠者先經署普洱府崔紹中訪聞會督思茅寧洱廳

縣拏獲劉大蒲煞等三十四名訊出各匪首要
姓名稟請四路圍緝適臣等因開礦需兵彈壓
已會調普洱元江官兵各一百名臨元新嶍官
兵各五十名赴廠駐劄當飭帶兵各將備順途
訪查並令洛會文員一同實力搜捕旋據臨元
鎮總兵李能臣會同署普洱府崔紹中署元江
州李杰署他郎通判倭克金布前署他郎通判
沈世良並督令護元江營叅將常興署新嶍營
游擊察興阿護臨元鎮都司陳國樑等各分途
帶領弁兵差役先後拏獲外匪黃應倡邱綱等
四十六名臨安匪徒支老五等二十一名元江
夷匪楊卜喇等十一名起獲槍礮藥鉛刀矛多

件解至他郎會同研審各供認互鬬搶擄數次其當場致斃屍身或自行燒燬或彼此殘棄或尚有掩埋處所可以刨驗並搶劫村寨情形亦據歷歷指認惟被害事主多未呈報到官不能知其姓名現在傳諭各村寨居民據實補報計各文武所獲現犯共一百一十二名已據署普洱府崔紹中稟請親自解至普洱提同前獲各犯確審懲辦尚恐查拏之時有匪犯乘間逸出仍飭各營汛分途嚴緝其已經到廠之官兵郎令留駐鎮壓經此一番訪拏廠務頓覺森嚴所有新招廠民見先前滋事匪徒多被緝獲咸知觸目警心悉就約束廠内倍形安静雖金砂現

極有限而銀廠頗有起色可期成效日臻除飭
迤南道督同普洱府縣審明確供妥速定擬詳
辦俟定案時由臣等勘明再行具
摺具
奏外謹將現在訪獲舊日廠匪多名緣由先行恭
奏伏乞
皇上聖鑒謹
奏
此係正辦不存畏難因噎廢
食之見甚好而又因之以除莠
安不兩得

道光二十九年四月二十七日

雲貴總督林則徐等奏摺　剿辦騰越廳卡外野民滋擾情形

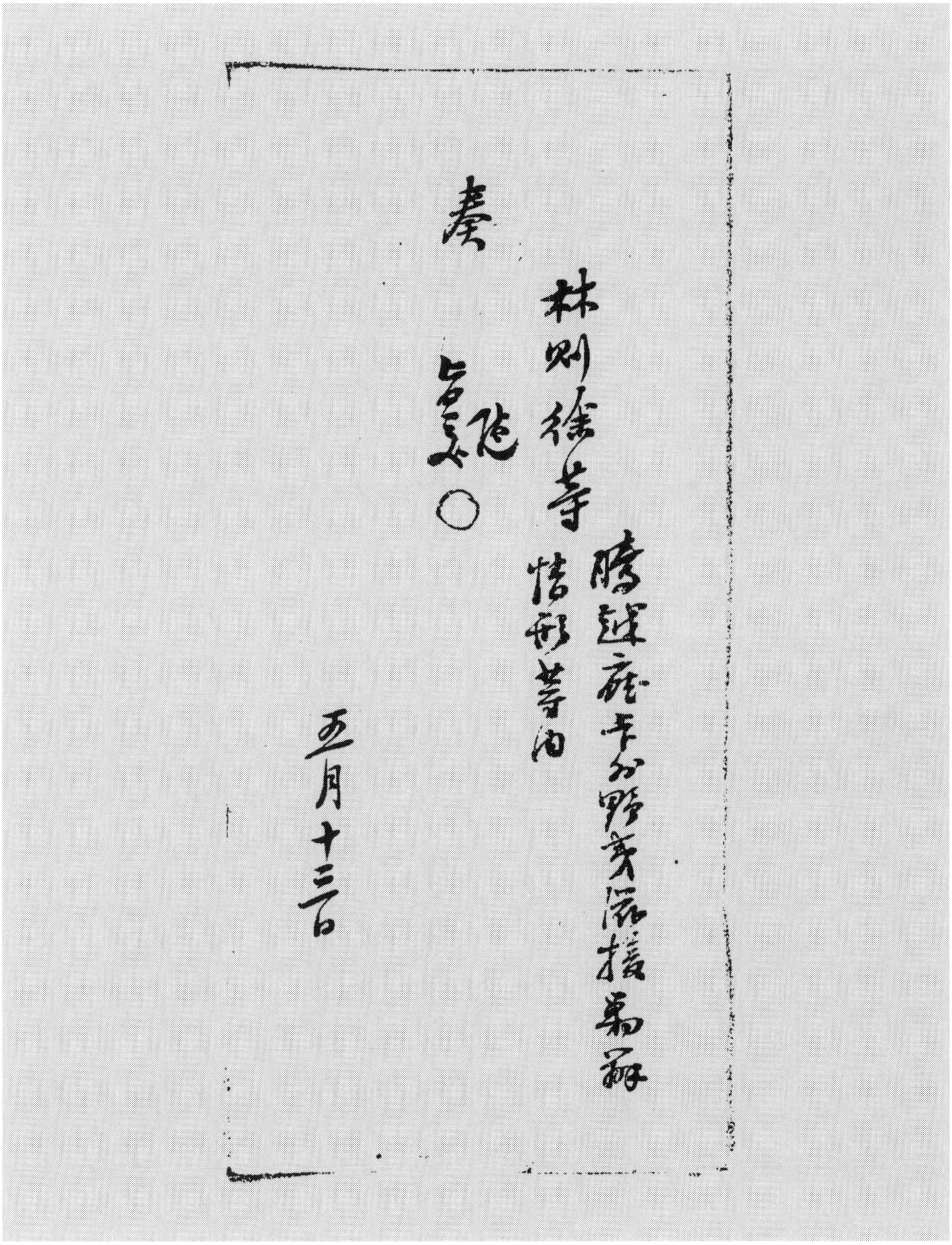
騰越廳卡外野夷滋擾剿辦
情形等由
林則徐等
奏
另有旨○
五月十三日

雲貴總督臣林則徐
雲南巡撫臣程矞采　跪

奏為騰越廳界外野夷膽敢擾入邊地焚搶夷寨居
民派員帶兵出卡痛加勦辦野夷畏威悔順從
邊境安謐恭摺仰祈
聖鑒事竊照雲南騰越廳地方三面通夷為迤西極邊
之區界連緬甸所屬沿邊卡外別有各種野夷
既非外域屬民又不歸土司管轄盤踞山谷分寨
自立頭人其性貪暴兇頑每乘夜突至漢村擄
擄人畜財物因營汛不敷分佈前經道光初年請
設建築碉堡雇倩駐防隘而山徑叢雜譏邏疏
於冬春之際竄逸潛出肆擾節經堵擊隨逐者
不能大為邊患乃自上年秋冬以來有古勇蠻

西邊外之老華坡、蠻寨山等處野匪逞兇，夥合人至
右甸河西、雲子園、山腳、麻名漢寨，先後擄去男婦
二十六丁口，暨牛馬畜財物件，經右甸委
弁協同屯練追捕，奪獲牽回。鎮道府廳會
議以該處雖名其接連山逕，荒僻險為殘匪，若
調官兵勦捕，恐其易遁時日，且不諳路徑，不
如就近抽撥屯練，相機辦事，備弁管帶進勦，可
期事半功倍。查有附近之所光隆土守備左大
雄勇敢有為，屢次出師，甚著績，堪以率領九土弁
管帶勁練出兵，相機勦辦，應需鹽糧由騰越
廳籌撥供支，先後呈稟，該弁所籌辦理
實為未清邊境安插，即於今特日要速出發

三〇

雲貴總督林則徐等奏摺　剿辦騰越廳卡外野民滋擾情形

道光二十九年四月二十七日

查該將該鎮臣古鹿等節次拿獲本年正月九
日調甸勁練五百名交左大雄管帶進勦二月初
四日抵老草坡野匪已先準備早經空壘村柵
出而抗拒該土弁親帶各練奮勇攻擊槍斃
首犯各匪奴窩刀柵砍斃二十餘人等傷甚多隨
乘勝圍柵放火焚毀匪巢各匪始竄至火竹
箐等處寨並西山九寨該土備又次進攻各
寨野夷始知畏懼趕赴該營各寨投誠當報
誠查該委員風通書首人禁戒之便捉大石
岩鎮方見其誠并各寨中惟大頭之大野豐馬
司萬之大頭目平日為兇行兼首領該野夷
華如許相保各寨不能依附揖石投誠方可允

准頭夷等僳匪逃遁隨即截匪所擄男女八丁口難
畜六條查所原係僳匪財物擄掠情然
宗山等野匪擄去難即稱營往攻於十月初旬
進至鐵宗山擒獲野匪所屬點巖隘壁已將
出入要口深溝固塹且恃有伯酒等五寨為之
羽翼負嵎不出該土備弁係多攻多匪立多勝
抵禦騰越鎮德名權健接探會報稱左大雄
深入險寨係力不敷又據高今該廳加調屯練
五百名往助左大雄旋據該匪通出要口分
為五路進攻本年二月該匪出巢拒敵各練丁近
頭奮擊殲斃頭寨目中首匪二名及匪黨數十
名各匪退回巢道逃竄潛出勒營練丁先已防

備極力轟擊，拒野匪撲營愈急，殪六名，軍功張守濬
揮兵大文暨兄揮擲擡鎗迎擊，斃匪目門挖石打中
為首一匪膛胸倒地，衆匪躲避，竟敢擡鎗轟斃大
名頭角，多係被害男婦，開棚屍首，尤為慘毒，瑤攻
將錢匪打退，平所查看山箐，內有匪屍一千餘
上擬係奮勇追攻，擊斃匪目去散，土係六向查係亡
是日已刻，檢得錢家匪萬焚燒，即查該處
頻營以據怕佤等寨係來之，如經其中無野
表據稱，名保焚燒，詢營求請撫，據稱情願
土備電其挾非今通事匪名究詰，據供鹽
宗山懂多匪首一名，老山老五一名，阿三，其帽
酒等寨匪首名為揑頭，老五，與五小頭目

竹鎗先行被戕身死餘皆逃散伊等懼被剿懇
將寨內所擄之男女十八丁口並牛十七隻獻出求
免盡勦又查出寨內所留之漢奸馬六陸小
老二人俱送請辦從土舖先後所請由將人畜交
收訊據漢奸馬六陸小老供認均係沿邊民人
向走夷方貿易因虧本負欠難歸潛入野山
家佑夷匪指引勾擄冀圖得贓分肥其送還被
擄民人楊啟元楊官文余小老余小二蘇大劉九
崇劉小二劉五斤劉鳳英劉小三陸卯有陸紹
富孟李國棟陸聯榜陸看科金陸崇十七名
並婦女何劉氏等九口逐一訊據供稱先後遭
匪擄去扣留役使並款勒贖該婦女等均

未被匪姦污，俘供大略相同。其代老草坡等
處擔保求識之之頂野貴習董頭目十人，亦為
岩家山等寨懇求免剿，情願出具永不滋事刀
標木刻，誓石投誠，如再為匪，惟伊十人是問。
察其情詞不至反覆，隨飭傳齊各野山頭目
并邊民同至漢美處昇之三貢殿宣示恩威，反（習）
加傳諭，責成六頂胃董各頭目約束寨夷，來
永不准其入邊搶擄妄滋事，各野夷咸皆畏服，
叩頭盟誓，取具刀標木刻，均于邊隘處立石示
眾。沿邊地方已極安謐，遂于四月初旬撤練
回至所城。查明此次陣亡隊練總董大文外，
尚有練丁六名，又受傷練丁十八名。所
有卹賞口糧一切經費，按照騰越同

知鄭鐸等詳，悉由該府暨廳等情。據此，臣等
查此次該土目左大雄自正月中旬帶練出
勦，至四月初間，該處各寨野夷除焚燬殲
斃外，均已畏威悔罪，立誓輸誠，洵能遠振軍
威。又安邊地此後仍須益廣約束，信嚴巡防，以足資
卡隘。練丁應責成騰越鎮將會同所屬逐一點驗，凡從
前疏縱夷匪及現在年力衰老者，均從重
責革。寔辦出力，指夷便要中有捉查了孟存卿、吳正傳、
楊鎮邦及練頭孟效卿、段陞恩五名，此次俱甚
出力，但從前夷匪擾害邊民，仍以不能呈犯，即
茲應令相究明白，以別功罪，以示勸懲。漢奸馬六、
陳小老勾結外匪滋事，已據自行供認，自應歸

硃

迤西匪犯業由飭道審明就地懲辦，備上練丁諸郎請
郎其六品軍功頂帶練總董大文記手擊斃首匪
福因中槍陣亡，可否仰懇
天恩照土千總例賜卹，至所之陞土守備左大雄首先
永昌甘受軍營差屢經奮勇著業
賞六品頂戴，蒙加賞換便衛銜，該土備深知感奮，茲又收服
多寨，亦甚可嘉，再懇
恩施，賞給巴圖魯名號，以示激勸。其騰越鎮總兵拾
任迤西道王發越、永昌府知府朱光鼎、署騰越廳
同知霍蓋、知縣鄧辦商軍務，精幹為有
方，可否請
旨飭部均予從優議敘之處，出自

圣主恩慈，所需经费现经筹拨银两，并请免其造册
报销。俾兵壮练丁中超众出力之人，准即量行
顶带。于所有剿办边外野夷随营人员，立予保请给
由，谨合词恭摺具
奏。伏乞
皇上圣鉴训示。谨
奏。
道光二十九年四月十三日奉
硃批：所办尚好，另有旨。钦此。
四月二十七日

雲貴總督林則徐等奏摺　遵察張恩溥面頰微動而吏治明練堪以差委

道光二十九年四月二十八日

雲貴總督林則徐等奏摺　**遵察張恩溥面頰微動而吏治明練堪以差委**

雲貴總督林則徐等奏摺　遵察張恩溥面頰微動而吏治明練堪以差委

道光二十九年四月二十八日

雲貴總督臣林則徐
雲南巡撫臣程矞采跪
奏為恭摺覆
奏事竊臣等於本年二月内摺弁回滇承准軍機
大臣字寄道光二十八年十二月初十日奉
上諭分發雲南試用知府張恩溥係正途出身曾膺
民社惟該員前於知府分發召見時朕見其面頰
微動似有風疾該員到省後著林則徐程矞采留
心察看該員有無風疾果否堪勝差遣據實覆奏
將此諭令知之欽此遵查試用知府張恩溥於本
年四月初五日抵省臣等初次接見當即留心
察看該員甫行庭叅禮畢覺其右頰微動旋照
儀注坐定其動即止連日又復旅見容止如常

徐詢其致此之由據稱於上年三月間由湖南

進京引

見途中感受風寒遂致右頰有時牽掣因行路難於

醫治到京服藥尚未霍然而舉動一切卻無妨

礙前此蒙

恩召對因見

天威咫尺心懷悚惕過事矜持恐彼時右頰之動或

比尋常稍甚等語察其所言尚屬實情此外動

靜語默之間似均無恙查該員由進士即用歷

任四省知縣在湖南曾調省會首邑並陞補苗

疆要缺同知年力正强氣體充實詢以吏治甚

屬明練現在委審案件俱能詳細研求不辭勞

瘁似差委不致有竭蹷之虞臣等仍隨時加意
察看如果難勝委任定當據實奏
聞斷不敢代為諱飾謹合詞恭摺覆
奏伏乞
皇上聖鑒謹
奏

知道了

道光二十九年四月　二十八　日

三〇 雲貴總督林則徐等奏摺 請協撥辛亥年滇省銅本銀兩

道光二十九年四月二十八日

雲貴總督林則徐等奏摺 請協撥辛亥年滇省銅本銀兩

奏

雲貴總督林則徐等奏摺　請協撥辛亥年滇省銅本銀兩
道光二十九年四月二十八日

雲貴總督臣林則徐
雲南巡撫臣程矞采跪

奏為請撥辛亥年協滇銅本銀兩恭摺具
奏仰祈
聖鑒事竊查滇省每年辦運京銅應需銅本銀一百
萬兩向係查明實存銅息若干除留備公用銀
五十萬兩外如有餘剩俱行撥用其不敷銀兩
在於各省撥解因丙年之銅必須乙年採辦是
以丙年辦銅工本滇省於甲年具
題戶部即行核撥於乙年夏季到滇俾得即時應
用嗣因題撥解納輾轉稽遲以致滇省無項支
發在於藩庫實存項下借墊經戶部奏改丙年
應撥銅本於甲年六月具題一俟科抄到部即

為核覆行文並令所撥省分作速委員起解限
於乙年春間到滇交兑迨道光二十年八月間
戶部議奏每年額撥銅本銀兩提早數月撥給
俾得藉以周轉欽奉
諭旨著照所議嗣後滇省請撥銅本銀兩著一併改
題為奏以歸簡捷等因欽此欽遵在案除庚戌年
應需銅本銀兩業經
奏撥奉准部覆在於江西浙江二省協撥俟全數
解滇兑收清楚照例彙
題外今本年歲次已酉應將辛亥年所需銅本銀
一百萬兩預行請撥據雲南藩司趙光祖查明
司庫收支銅息項下共存銀一萬一千餘兩衹

敷年例應動各款應請留存供支又藩庫收存
正雜各款銀兩截至道光二十九年二月到部
估餉册造實存項下應存銀一百二十五萬七
千三百四十二兩一分八釐内應請留存本省
經費等項約需銀二十萬餘兩又採買川銅借
用銀二十九萬九千五百餘兩歷任借動未歸
銀五十五萬三千五百餘兩前經
奏請分别開除奉准戶部議覆現在另案核辦應
請仍照數留存其餘銀二十萬四千三百餘兩
業經聲請撥餉在案此外無可動撥將應需辛
亥年銅本銀一百萬兩詳請
奏撥前來臣等查辛亥年所需銅本銀一百萬兩

内除該年應解戶工二部飯食銀六萬四千四百五十五兩二錢又通州坐糧廳車脚吊載銀四千九百七十兩一錢八分又加辦銅觔戶部飯食銀二千三百一兩八錢四分四釐又加運兩起帶解加辦銅觔通州車脚銀一百七十九兩九錢八分四釐請於直隸藩庫照數動撥就近分别解交部庫並坐糧廳收貯應用又該年正運每起增給天津剥費銀五百兩加運每起增給剥費銀四百兩共銀二千八百兩照例在於直隸藩庫動撥解交天津道庫按運轉發又餘銅關稅項下道光二十四年加運一起官熊家彦應完餘銅關稅銀五百七十四兩四錢八

釐應由直隸藩庫照數動撥就近解交户部查
收清款又滇省正額節省並幫費項下酌給運
官幫費正運四起每起撥解銀一千五百兩加
運兩起每起撥解銀一千二百兩共銀八千四
百兩亦請在於直隸藩庫照數撥解坐糧廳庫
存貯俟庚戌年正加六起運員到彼發給承領
滇省仍於正額節省並幫費銀内撥除歸入銅
本項下支用又運官自漢口至儀徵水脚銀一
萬四百三十四兩儀徵至通州水脚銀一萬六
千二百六兩應令湖北江南二省在於藩庫蘆
課銀内照數撥給又奏明酌給庚戌年正加六
起加增經費應撥入辛亥年銅本項下銀一萬

三千兩内滇省鹽課溢餘項下每年加貼正加六起經費銀五千四百兩每百兩扣減平銀六兩年共減平銀三百二十四兩又續經籌議節省歸公充撥案内奏請每年節省一成銀一千三百兩計減平節省共銀一千六百二十四兩均係由滇彙撥之項應於前項銀内計除衹應計入辛亥年銅本項下銀一萬一千三百七十六兩查戊申年正加六起運員應領經費銀兩前於己酉年銅本銀内僅計除減平銀三百二十四兩尚未計除節省一成銀一千三百兩係因請撥銅本在先籌議節省在後故前未計除業於戊申年正加各員起程時咨明湖北江寧

二省俟各運到彼請以每省正運每起扣留一成銀一百二十五兩加運每起扣留銀七十五兩該二省共扣存銀一千三百兩應於辛亥年銅本銀内補扣提歸滇省節省項下又已酉年正加六起運員應領經費銀兩亦於庚戌年銅本銀内僅計除減平銀三百二十四兩尚未計除節省一成銀一千三百兩俟正加各員起程時仍咨明湖北江寧二省扣存今應於辛亥年銅本銀内提還歸款實秖計入辛亥年銅本項下銀八千七百七十六兩應請由湖北江寧二省動支俟庚戌年正加各運員到彼將扣存戊己二年節省銀二千六百兩添入八千七百七

十六兩數內以符該年各員請領銀一萬一千三百七十六兩之數以上共就近撥銀一十一萬九千九十七兩六錢一分六釐又滇省收存道光十八年正運二起官趙堉林報銷應找水脚抵完借支湖北司庫運費銀三百兩借支江寧司庫養廉銀五百兩道光二十四年加運一起官熊家彥報銷應找水脚抵完借支湖北司庫運費銀三百兩借支江寧司庫養廉銀五百兩共銀一千六百兩又滇省收獲署東川府李德生完解經放湯丹等廠道光二十二年分有著廠欠數內銀三千二百二十七兩四錢又完解二十三年分有著廠欠數內銀一千五百兩

共銀四千七百二十七兩四錢留為滇省辦銅
工本之用於辛亥年銅本案内聲請扣除通共
除銀一十二萬五千四百二十五兩一分六釐
實應撥解滇省銀八十七萬四千五百七十四
兩九錢八分四釐應請照數先行
奏撥以資採辦其各項動用細數統於銅務並運
銅案内按年核實造册報銷所有請撥辛亥年
銅本銀兩緣由謹合詞恭摺具
奏伏乞
皇上聖鑒謹
奏

戶部議奏

雲貴總督林則徐等奏摺 請協撥辛亥年滇省銅本銀兩
道光二十九年四月二十八日

道光二十九年四月 廿八 日

上諭 著照林則徐等請以李崢嶸陞補雲南開化府分防安平同知

道光二十九年閏四月初九日内閣奉

上諭林則徐程矞采奏請升補極邊要缺同知一摺

著照所請雲南開化府分防安平同知准其以李

崢嶸升補照例送部引見該部知道欽此

雲貴總督林則徐奏片

捐輸知縣杜浩請歸部儘先選用或改歸雲南儘先補用

交○林則徐片

再，臣於上年九月間，查

出保東永昌軍務出力人員，仰荷

大恩准予鼓勵，凡在文武應保各員，感頌殊榮。查有捐

輸知縣之杜浩一員，係由雲南試用知縣捐足四千

一百二十兩，經臣將杜浩於第六次捐輸案內彙案核

奏，請以知縣不論雙單月選用在案。嗣又因此次保出軍

營出力案內文武各員列單保

奏，維因保奏之時，前案捐輸請獎尚未奉准

恩旨，故將該員列為知縣，於請單內作為貳一款，聲

明試用知縣杜浩於捐輸案內捐免不論雙單月

知縣，奉旨交部（俟選）請歸部儘先選用，並請註案

三〇

雲貴總督林則徐奏片　捐輸知縣杜浩請歸部儘先選用或改歸雲南儘先補用

道光二十九年閏四月初九日

諭旨試用知縣杜浩著歸部儘先選用欽此伏查該員
本係以知縣分發雲南先經試用期滿請留該省補
用旋因不能更請以知縣歸部儘先選用因其已捐不
論雙單月知縣復准其軍營出力保
奏是以前此奉充越部儘選後歸部儘先選用等
標旗准吏部核其資格實與例有儘補試用人員等
諭例頭等儘經驗核保奏祇有於本省補用外
用如有奏請歸部者仍照改歸分補並請杜浩
捐足四千一百二十兩雖又經軍營出力知縣例准保
升知縣亦應改歸分補不准請歸部選茲據該員
復等
恩合杜浩著准以知縣歸部儘先選用旋於捐輸案內又

雲貴總督林則徐奏片　捐輸知縣杜浩請歸部儘先選用或改歸雲南儘先補用

道光二十九年閏四月初九日

又奏

再據杜浩著以知縣不論雙單月選用欽此欽遵在案查

軍營出力人員知縣應照原保外知縣今該員杜浩既

係捐先知縣又於軍務保案內聲明仍照原銜請

單月請以知縣歸部儘先選用抑或照吏部會

例改歸雲南以知縣儘先補用之處出自

皇上天恩臣謹會同雲南撫臣程矞采附片具

奏伏乞

聖鑒訓示謹

奏

道光二十九年閏四月初九日奉

硃批吏部議奏欽此

雲貴總督林則徐等奏摺　鎮雄州民尹老四連殺五命審明正法

雲貴總督林則徐等奏摺　鎮雄州民尹老四連殺五命審明正法
道光二十九年閏四月二十八日

雲貴總督林則徐等奏摺 鎮雄州民尹老四連殺五命審明正法
道光二十九年閏四月二十八日

雲貴總督臣林則徐
雲南巡撫臣程矞采跪

奏為拏獲連殺五命重犯內有二命係屬一家並三命均係十歲以下幼孩情較殘慘審明定擬恭請
王命正法以昭炯戒會摺奏祈
聖鑒事竊據署鎮雄州知州駱承源詳報民人尹老四挾嫌殺斃劉潮付之子劉隴會劉小滿並趙老么出嫁胞妹龔趙氏及幼女趙滏英外甥徐萇生五命等情臣等以案情重大飭提犯證解省審辦茲據委員雲南府知府桑春榮等審明由按察使普泰覆審解勘前來臣等提犯會鞫緣尹老四係鎮雄州分防彝良州同民人已死

雲貴總督林則徐等奏摺　鎮雄州民尹老四連殺五命審明正法
道光二十九年閏四月二十八日

年甫十三歲之劉隴會及六歲之劉小滿均係
劉潮付之子龔趙氏係趙老么出嫁胞妹年甫
一歲之趙漨英係趙老么幼女年甫六歲之徐
蓑生係其外甥劉潮付與趙老么夥開煤窑生
理合雇尹老四幫工月給工錢二百文平日同
坐共食並無主僕名分道光二十八年七月間
尹老四偷竊趙老么錢二百一十文布腳纏一
雙逃走趙老么追尋未獲因失物無多未經具
報尹老四將腳纏賣與不識姓名人連錢花用
因無人工雇於十一月十一日回至趙老么等
煤窑趙老么欲行送究尹老四立誓改悔願仍
幫工扣抵趙老么應允十二月初五日尹老四

向趙老么借支工錢趙老么因贓未賠完不肯
支給尹老四負氣跑走即經趙老么尋獲尹老
四不允轉回趙老么將其布衫一件剥取作抵
並稱日後不准在村營生尹老四因衣服被剥
又因難覓工雇初六日往央劉潮付代為說情
還衣解釋適劉潮付外出其子劉隴會以尹老
四業經逃走今又來行竊之言向斥尹老四氣
忿掌批劉隴會左腮頰劉隴會拾取挖煤鐵鑿
向毆尹老四將鑿奪獲從旁戳傷其脊背跌地
劉隴會滾地辱罵尹老四愈加忿恨頓起殺機
即用鑿疊戳傷其左耳根髮際項頸登時身死
劉小滿在旁哭喊稱俟伊父回歸定須告知尹

老四起意將其致死滅口遂用鑿疊戳傷其左
額角右眼下項頸倒地殞命尹老四知犯重罪
因事由趙老么剥衣抵扣竊臟而起懷恨莫釋
即携帶鐵鑿往尋趙老么殺死洩忿時值趙老
么出外趕街適其出嫁胞妹龔趙氏帶同伊甥
徐蕘生來家看望龔趙氏手抱趙老么幼女趙
潼英在屋閑坐瞥見查問尹老四答稱尋找伊
兄拚命龔趙氏當向喊罵尹老四遷怒起意一
併致死即用鑿迭戳傷龔趙氏左太陽穴接連
左腮頰並額顱接連右眉叢鼻梁右腮頰並戳
傷趙潼英鼻梁龔趙氏倒地哼喊尹老四又戳
傷其顖門徐蕘生喊叫尹老四亦用鑿迭戳傷

其左額角右眉叢腦後倒地與龔趙氏趙漨英
均即斃命經徐莀生之父徐成漬與鄰人周老
么聞鬧趨至見而喝阻尹老四即棄鑿逃逸徐
成漬等往向趙老么告知趕回看明劉潮付亦
外回查知報經署彝良州同何朝樞勘驗飭據
兵役協同廣西州緝役獲犯訊供解經署鎮雄
州知州駱承源覆訊詳報提省委員審擬由司
招解臣等親提研鞫據供前情不諱因該犯連
斃五命恐下手不止一人並恐另有起衅别故
再三究詰據稱實因挾嫌起意致死劉隴會等
一家二命復謀斃龔趙氏等三命如有起衅别
故及有幫同下手加功之人伊已犯重罪何必

再為隱諱矢口不移案無遁飾查例載殺一家
非死罪二人者擬斬立決梟示酌斷財產一半
給被殺之家養贍等語此案尹老四受雇與劉
潮付趙老么幫工因行竊錢物被趙老么剥衣
扣抵往央劉潮付説情復挾其子劉隴會斥辱
之嫌起意殺死劉隴會劉小滿二命並欲謀殺
趙老么未遇遷怒殺斃龔趙氏趙潑英徐莀生
三命查龔趙氏與趙潑英等並非本宗親屬亦
非同居惟劉隴會劉小滿係屬弟兄一家該犯
與劉潮付等並無主僕名分應同凡論自應照
例問擬尹老四合依殺一家非死罪二人者擬
斬立決梟示例擬斬立決梟示訊無財產請免

斷追查該犯因行竊挾嫌連斃五命内有二命
係屬一家核與僅殺一家二命者情較兇殘且
劉隴會年僅十三劉小滿趙滏英徐蕢生均係
十歲以下幼孩該犯逞忿連殺致斃尤為慘毒
未便稍稽顯戮臣等於審明後恭請
王命飭委臬司普泰署撫標中軍叅將存住將該犯
尹老四綁赴市曹監視處斬傳首犯事地方懸
竿示衆以昭炯戒周老么等救阻不及應毋庸
議買贓之不識姓名人併免查提尹老四所竊
錢物及趙老么剥抵布衫分别追繳給領所有
首先拏獲鄰境斬梟要犯一名應敘職名係署
廣西直隸州事候補直隸州知州吴銑相應聲

明除全案供招咨部外謹將審明定擬緣由恭
摺具
奏伏乞
皇上聖鑒勅部核覆施行謹
奏

刑部知道

道光二十九年閏四月　廿八　日

雲貴總督林則徐等奏摺　鎮雄州民尹老四連殺五命審明正法
道光二十九年閏四月二十八日

雲貴總督林則徐等奏摺

保山縣城内回民移置官乃山一年察看情形妥協可期相安

雲貴總督林則徐等奏摺　保山縣城内回民移置官乃山一年察看情形妥協可期相安　道光二十九年五月初六日

雲貴總督臣林則徐
雲南巡撫臣程矞采跪

奏為保山縣城内回民自移置官乃山以來已逾
一載察看情形妥協可期久遠相安謹將辦理
緣由奏明立案仰祈
聖鑒事竊臣等於上年會奏永昌善後案内議請添
移營汛弁兵聲明保山縣轄之官乃山因安插
回民二百餘户尚有陸續前來者擬添兵五十
名連原駐之三十名派一把總帶領以資彈壓
等情已蒙
敕部覈議覆准在案彼時回民移居未久尚須細察
情形未敢以試辦之章程遽作常行之定準節
經諄飭永昌府知府張亮基就近督縣加意撫

綏認真彈壓計上年四月安置之後至今已越
一年疊據禀報該回民二百餘户在官乃山墾
種爲生均極守分安業堪以永遠居住等情臣
等查此案移置之由因道光二十五年九月間
保山城内回民被該處七哨匪徒挾讎殘殺一
次迨二十七年甫經招復又於十二月初一日
因哨匪打奪解省人證復恃衆入城搜殺一次
雖被殺由於報復死者亦非概屬無辜而受害
情形實堪憫惻除業經盡絶之户無可挽回外
其有他出始歸以及藏匿逃亡遺存丁口悉經
由官訪明捐貲撫卹以軫餘生至二十八年春
間臣林則徐親往迤西督兵查辦於痛懲彌渡

之後直擣七哨地方哨匪始懾軍威俯伏歸命
當時拏獲辦罪至四百餘名之多七哨經此痛
懲不敢復逞凶頑之習本擬招復逃亡回衆仍
返故居惟查房屋被焚早成灰燼若令自行建
蓋已屬力所未能且與漢民界址毗連清釐匪
易一時既虞其尋釁日久更難以相安故於軍
務將竣之時即另籌安置保回之地嗣據地方
文武暨各委員覓得保山所轄距城二百餘里
之官乃山一座周圍約十餘里外狹中寬前隔
潞江後依雪山雪山之巔石崖陡險雖有猓猓
夷人窩居其上向不與民人相通其自半山中
腰下至臨江間有平曠地土堪以墾種因而外

來無業客民單身赴彼或種包穀雜糧或植大小果樹先搭棚寮棲止漸葢土屋草房究因中隔潞江往來未能甚便該客民等仍不樂於久居隨訪得有楊育春白奉禮等均願將自墾成熟之地暨果樹寮房悉行折價遷讓或以城鄉產業與之掉換亦所樂從當查該處山塲既有田畝樹株按年可收花息並已種將熟之雜糧果實均願折價賣給回民到彼即無枵腹之虞若漸墾漸多更可長資養贍因傳詢保回頭人童俊劉耀宗等以保山之清真寺舊有零星公產其各鄉亦有故絶回戶遺產如願公同估價與官乃山產業房屋互相掉換便可官為經理

伊等當即允從其價值除互抵外尚有不敷由官湊捐給付遂將官乃山一座全作保回聚居之所除有他處親戚可依不願前往者聽其自便外凡願移之回戶皆按大小人口官給盤費經署保山縣知縣韓捧日署永昌協副將桂林等將該回民二百餘戶分起押送前往到地後仍酌給三個月口糧俾得從容治產此上年安置保山回戶之情形也嗣又添撥把總一員先後帶兵八十名歸於原設之舊乃汛駐劄就近巡防該回民等益知官為保護得以久安生業續請前去者復有數起自係知為樂土彼此相招查該處去秋包穀雜糧均稱豐熟果樹亦皆

獲利今年墾種之地比較去年更多將來户口繁滋該山亦足資其力食與山巔之猓猓夷人及江外之土著漢民均無轇轕而保山城哨相距甚遥更無虞其生釁是回民安置在此似可決為久遠之圖雖不願者本不强其前來而已來者定可安於無事矣惟其祖先墳墓向來本在保山當二十五年互鬭之時回匪之燒漢屋者極多而漢匪之掘回墳者尤甚屍骸堆積令人不忍覩聞臣等面囑該府張亮基督屬妥為修掩張亮基到任後即與署保山縣陸葆捐發廉銀選擇公正紳耆分赴各山將被挖回墳逐一修砌悉還其舊不獨屍骨全無遺棄並棺柩

每與更新統計自夏至冬共修回墳九千餘塚
該處事定之後有回民赴保山祭掃者府縣派
差照料卽以暗杜釁端該回民見其墳塚新修
比前加勝亦皆同聲感激並可消釋前嫌矣又
據張亮基稟稱保山回戶中未經故絕之人遺
有田產上年軍務竣後曾經委員分路清查覈
與該回頭人查報大數相符當卽由官派佃代
種收取租銀尋覓外出各回民寄交該處地方
官給領惟思回戶業經他徙若將零星田產留
在保山內有狡黠之徒未忘舊釁卽難保不藉
此為由以清租為尋釁之地不如查起原契官
為覔售其無原契者亦由官估價值分別變賣

節經頭人傳諭業已允從者多惟聞有力之回
本在他處經營貿易有不必急於變産而尚觀
望遷延者若不催令一體辦理轉恐退有後言
是以現仍傳覓本户回民諄切曉諭令其出售
零産以斷葛藤總期保邑漢回各遂其生永無
可開之釁以仰副
聖主綏安邊圉一視同仁至意所有續辦善後緣由
臣等謹合詞恭摺縷陳並咨部覈明立案伏乞
皇上聖鑒謹
奏
該部知道片留中

雲貴總督林則徐等奏摺　保山縣城内回民移置官乃山一年察看情形妥協可期相安
道光二十九年五月初六日

道光二十九年五月　初六　日

雲貴總督林則徐奏摺　**請以劉定泰陞補貴州威寧鎮標中軍遊擊**

奏

雲貴總督臣林則徐跪
奏為揀員請陞要缺遊擊恭懇
聖恩俯准補授以裨營伍事竊照貴州威寧鎮中軍
遊擊達凌阿推陞山西潞澤營叅將所遺員缺
接准部咨行令於現任應陞應補人員內揀選
陞補等因到臣查該遊擊駐劄威寧州城汛地
遼闊三面與滇省接壤開有銀鉛各廠盜賊易
於出没一切訓練巡緝較之别營尤關緊要非
年壯才明之員不足以資整頓黔省標營額設
都司除懸缺未補外僅有五員合例而人地不
甚相宜未便遷就請補臣悉心揀選查有貴州
都匀協左營都司劉定泰年四十六歲湖南岳

州府巴陵縣人由武舉分發漕標補江南太倉衛領運千總俸滿保送選補貴州平遠協右營守備陞補今職該員年壯才明營務整飭現署貴陽城守營遊擊事務辦理裕如以之陞補威寧鎮中軍遊擊洵堪勝任惟查該員係道光二十六年八月到任應扣至本年八月歴俸始滿三年現在尚少三箇月與例稍有未符但人地實在相需例得專摺

奏請合無仰懇

天恩俯念員缺緊要准以都勻協左營都司劉定泰陞補威寧鎮標中軍遊擊實於營伍地方均有裨益如蒙

俞允俟部覆至日照例送部引
見所有請補遊擊緣由臣謹會同貴州巡撫臣喬用
遷署提督臣崇福合詞具
奏伏乞
皇上聖鑒訓示謹
奏

另有旨

道光二十九年五月　初六　日

雲貴總督林則徐等奏摺 雲南昆陽州知州桂文奎運銅短絀最多請旨革職勒賠

奏

雲貴總督臣林則徐
雲南巡撫臣程矞采跪

奏為特參領運京銅經理不善以致短絀最多之
知州請
旨先行革職勒限賠繳以重運務而儆效尤仰祈
聖鑒事竊查例載運員掛欠京銅百分中之一二准
其買補免議如例外短少戶部咨查該省俟覆
到日知照吏部議以革職留任其應賠短少銀
兩以該運員回省之日起限數在一萬兩以上
至二萬兩以內者限四年完繳限內全完即行
開復等語所有滇省運銅之員在京兑收如有
掛欠短少一經准到部文均應按數勒追不得
任其拖欠惟臣等察看近年運務京局之需銅

孔亟而滇厰之採辦維艱若運員不知格外小心以致沿途層層折耗則積數運之賠補便成一運之加增於局鑄誠恐誤期而厰地更形喫重銅務何由起色如果沿途起剝裒車等事運員皆能經理得宜則除大江險灘遭風沉溺之外應不至復有疎失是以臣等彼此會商欲銅斤之免於短絀要在責成運員而欲運員之知所嚴懲必先擇尤參革現准戶部咨稱查滇員桂文奎領運丙午年正運三起額銅七十二萬斤實兑收五十四萬五千六百六十五斤零雖提取餘銅收補為數無幾覈計虧短甚多等語臣等查該員桂文奎領運戶工二局京銅共一

百六萬斤雖據報曾在四川巴縣酆都兩次遭風沉溺共銅十萬斤業已全數撈獲何至沿途剥换船車復有遺失茲戶局額銅七十二萬斤之内已短至十七萬四千三百餘斤其應交工局之銅有無短少尚未接到工部來文未能併計合較近年運京銅斤虧短之數以該員爲最多當茲整頓銅運喫緊之時未便僅照革職留任之例予限四年准其在任賠繳致與短絀較少之員無所區別而此後各運亦恐難免效尤茲據雲南藩司趙光祖詳揭前來相應專摺嚴參請

旨將運銅短絀最多之雲南昆陽州知州桂文奎應

得革職留任處分即予革任仍扣留滇省勒令
照數賠繳果能於限内及早繳清容再照例
奏請開復補用倘限滿完不足數更當嚴行追繳
從重示懲現在各起運員陸續嚴催趲運并責
令妥為經理務使照數抵通如再查有短缺數
多者亦即照此特參俾運員咸知儆戒再昆陽
州缺滇省現有候補人員應請另行揀補合併
聲明臣等為整飭運務起見謹合詞恭摺具
奏伏乞
皇上聖鑒謹
奏

另有旨

道光二十九年五月初六日

雲貴總督林則徐奏片　**雲南東川營左軍守備張斌衰庸難膺預保請旨勒令休致**

再查武職守備有經管兵馬錢糧督率訓練之
責必須精力强壯方克勝任茲查有雲南東川
營左軍守備張斌由提標守備調補斯職經前
督臣以都司預保具
題奉部覆准在案茲因候掣已滿三年例應甄別
經臣考驗得該守備張斌弓馬平常且年近六
旬精力就衰難期振作似此衰庸之員不獨難
膺預保即守備本缺亦未便任其戀棧據昭通
鎮總兵劉定選轉據該管官揭報前來除將預
保之案咨部撤銷外相應請
旨將雲南東川營左軍守備張斌勒令休致以肅營
伍謹附片具

雲貴總督林則徐奏片 雲南東川營左軍守備張斌衰庸難膺預保請旨勒令休致

道光二十九年五月初六日

奏伏祈

聖鑒謹

奏

另有旨

上諭　著照林則徐等奏分別奬勵賜恤剿辦騰越卡外野民出力各員弁

道光二十九年五月十三日內閣奉
上諭林則徐程矞采奏夷匪焚搶各寨剿辦情形一摺所辦甚好上年雲南騰越廳卡外野夷滋擾糾夥擄掠居民經明光隘土守備左大雄管帶練勇出卡剿辦殲斃夷匪多名該匪等畏威悔罪立誓輸誠洵能遠振軍威乂安邊地左大雄著加恩賞給義勇巴圖魯名號以示激勸騰越鎮總兵拴住迤西道王發越永昌府知府張亮基署騰越廳同知霑益州知州鄧墀籌商軍務督率有方均著交部從優議敘六品軍功頂帶練總董大文擊賊陣亡著照土千總例賜卹傷亡練丁均著咨部照例議卹餘著照所擬辦理該部知道欽此

上諭　著照林則徐等奏照海疆捐輸章程奬勵辦理賑務各官紳

道光二十九年五月十三日内閣奉

上諭林則徐程矞采奏滇省麥收減色民食維艱現在勸捐撫恤援案請給奬勵等語此次雲南辦理賑務各官紳著俟事竣後准照海疆捐輸章程給予奬勵該部知道欽此

三〇 雲貴總督林則徐奏片

滇省籌捐接濟請准事竣援直隸成案照海疆捐輸章程鼓勵

道光二十九年五月十三日

雲貴總督林則徐奏片　**滇省籌捐接濟請准事竣援直隸成案照海疆捐輸章程鼓勵**

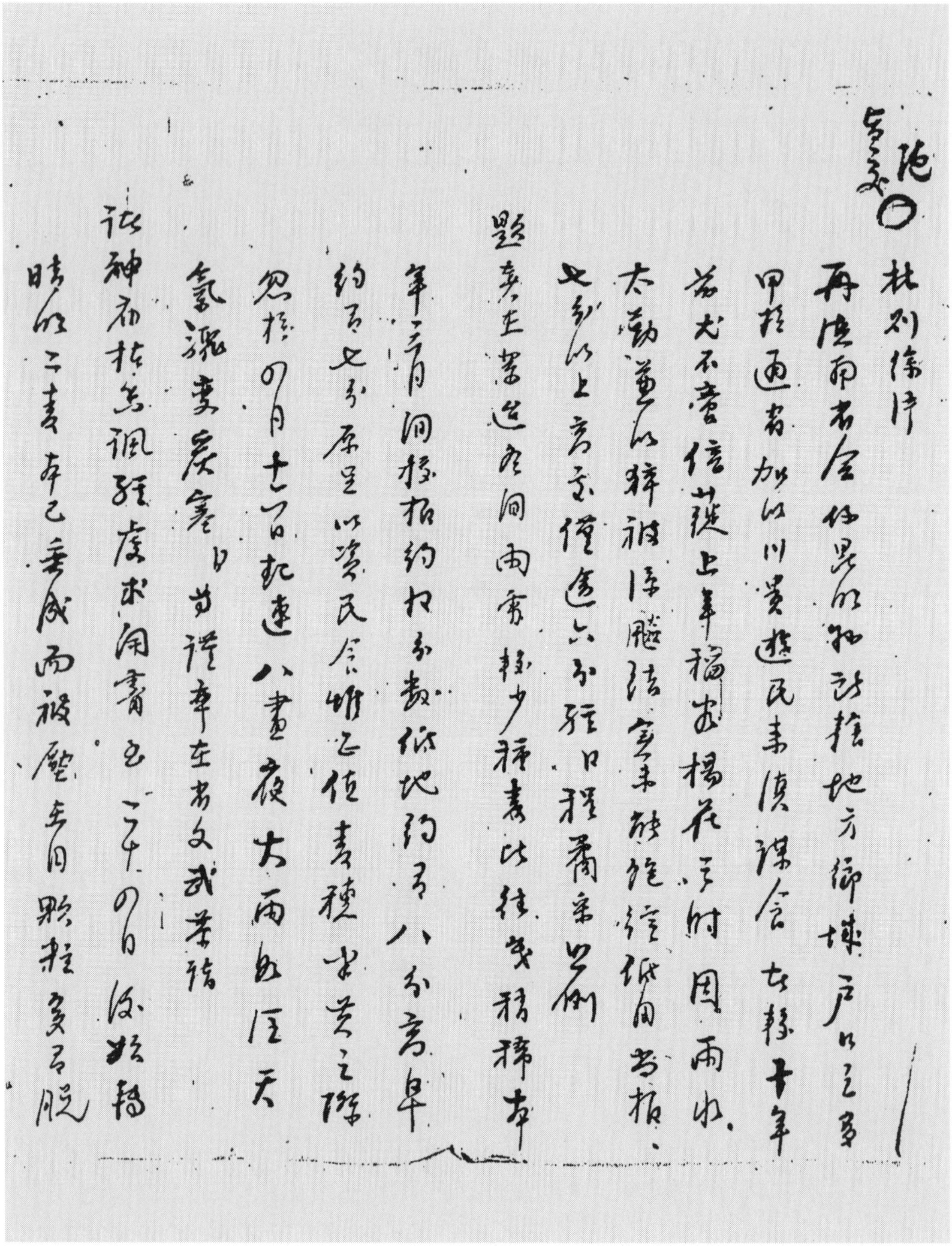

雲貴總督林則徐奏片 滇省籌捐接濟請准事竣援直隸成案照海疆捐輸章程鼓勵
道光二十九年五月十三日

旋遂致實力減色而價遂日加昂查滇中陸路
皆山僻者米糧販即附近各屬運銷遞來滇
通而腳價亦頗繫重本年春季民食幸賴鄰省
接濟堪資餬口而目下正將會居青黃又忽見咸
收且近日節氣稍遲秋苗尚未栽插計至秋收
將屆之期尚須四五個月之遠小民糧食拮据情殊
可憫但祇係青黃不接斷不敢以此冒懇
申明曾請章奏捐接濟得以接濟本年紳富
量力捐輸查明極貧之戶隨時散給口糧以冀窮
黎咸被實惠地方益臻安帖第滇省地瘠民貧
助捐亦難易于籌集查本年二月內欽奉
上諭以直隸大名天津辦理賑務各官紳均著例

雲貴總督林則徐奏片 滇省籌捐接濟請准事竣援直隸成案照海疆捐輸章程鼓勵

道光二十九年五月十三日

照海疆捐輸章程給予獎勵，並因諸此仰見
聖主保惠庶民、澤必下究之至意，茲滇省籌捐接濟須
藉手力同擎而感仰懇
天恩准援直隸成案，於事竣時查照海疆捐輸章程
奏請鼓勵，俾沐
恩慈之下逮，益知任恤之宜，該小民感被
皇仁，倍無既極。謹會同附片先行具
奏，伏乞
聖鑒訓示。謹
奏
道光二十九年五月十三日奉
硃批
欽此

雲貴總督林則徐奏摺　**舊疾屢發請假調理**

三〇

雲貴總督林則徐奏摺　舊疾屢發請假調理
道光二十九年五月十四日

雲貴總督臣林則徐跪
奏為微臣舊疾屢發恐致誤公恭懇
聖恩賞假一月以資調理事竊臣舊有喘嗽脾泄疝
氣諸種病證六十以後舉發尤多前在陝西巡
撫任内奏蒙
恩旨賞給假期調治稍痊仍回本任旋又渥膺
簡命總督滇黔於二十七年六月到任正值迤西漢
回各匪報復尋仇二十八年正月間臣督帶兩
省重兵歷赴彌渡保山永平蒙化姚州等處勦
辦各匪計五閱月始經撤兵時因軍務緊要力
疾馳驅尚能强制迨回省後諸證時發時止屢
審京控各案亦尚堪以勉支今春肝氣傷脾膈

中常痛飲食每不能進本擬具摺瀝陳因臣原
審叅員廣和在京訐告之案尚未完結先經奉
旨簡派琦善繼而改
派裕誠臣應將人卷逐一移交不敢不支持靜待乃
自節交夏至以來虛火炎於上而中氣墜於下
以致咳逆時作徹夜不得安眠疝疾不收行坐
無非作痛且脾泄每日數次尤使頭目眩暈委
頓異常據醫者云此證非數劑藥物所能就愈
須將公事暫不經理始可漸次醫調竊思力疾
辦公在臣豈敢稍圖自逸而精神不能貫注即
恐貽誤匪輕不得已謹瀝下情仰懇
天恩俯准賞假一月俾資服藥靜攝其雲貴總督印

務就近謹交雲南巡撫臣程矞采兼署如蒙
聖主福庇能於假期内調理就痊即當
奏明回任不敢稍有稽延感激
鴻慈倍無旣極所有微臣患病請假緣由謹據實具
奏伏乞
皇上聖鑒謹
奏
另有旨

雲貴總督林則徐奏摺　舊疾屢發請假調理
道光二十九年五月十四日

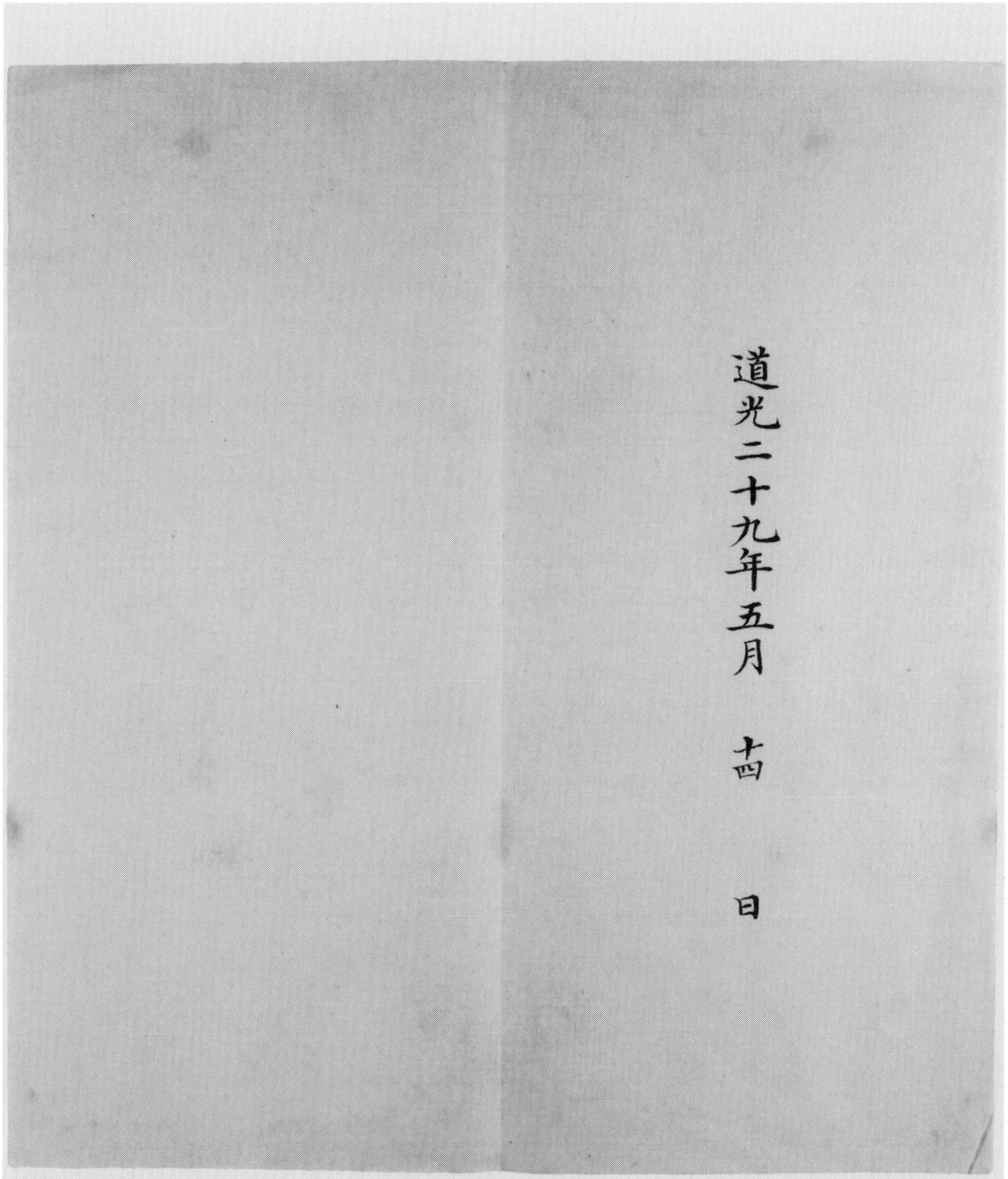
道光二十九年五月　十四　日

雲貴總督林則徐題本　**請以尹守仁承襲雲南浪穹縣屬鳳羽鄉土巡檢**

部議奏
題

太子太保兵部尚書兼都察院右副都御史總督雲貴二省等處地方軍務兼理糧餉臣林則徐謹

題爲請襲土職事據雲南布政使趙光祖詳稱竊

查雲南浪穹縣屬鳳羽鄉土巡檢尹見道項襲

堂伯父尹焞之職僅係榮膺頂戴並無管理地

方於道光貳拾捌年正月初貳日病故詳蒙咨

部並飭查應襲之人照例詳辦去後茲准迤西

兵備道王發越咨據大理府知府唐惇培申據

署浪穹縣吳鴻昌詳稱已故土巡檢尹見道之

親生長子尹樹德因耳聾重聽難以供職告替

與伊子尹守仁承襲查尹守仁現年貳拾肆歲

實係尹樹德正妻戴氏親生長男已故土巡檢

尹見道嫡親長孫並無過繼乞養詐冒違礙等

雲貴總督林則徐題本　請以尹守仁承襲雲南浪穹縣屬鳳羽鄉土巡檢　道光二十九年五月二十一日

彝夷衆悅服族無爭職之人例應頂襲祖職取
具宗圖各冊結同原頒號紙由府申道移司該
布政使覆查無異核與定例土官承襲年老有
疾請以子代者聽應准其承襲所有送到宗圖
各冊結號紙相應詳請查核具
題
再土司承襲例限陸個月此案因該應襲不諳
事例冊結舛錯發換往返以致稽延所有遲延
之處邀請免議合併聲明等情到臣該臣看得
雲南浪穹縣屬鳳羽鄉土巡檢尹見道於道光
貳拾捌年正月初貳日病故業經咨部在案所
遺土職應令飭查合例之人詳請承襲茲據雲
南布政使趙光祖行據該管地方官查明尹見

道長子尹樹德因耳聾重聽難以供職有伊子
尹守仁現年貳拾肆歲係尹樹德正妻戴氏親
生長男已故土巡檢尹見道嫡親長孫並無過
繼詐冒違礙等弊吏衆悅服族無爭職之人請
以頂襲祖職與例相符取造宗圖各冊結及尹
見道原領號紙由府申道移司核明詳請具
題前來臣覆查無異相應
題請將尹守仁准其承襲浪穹縣屬鳳羽鄉土巡
檢之職頒給號紙以專責成除宗圖冊結號紙
送部外臣謹會同雲南巡撫臣程矞采合詞恭
疏具
題伏乞

雲貴總督林則徐題本 請以尹守仁承襲雲南浪穹縣屬鳳羽鄉土巡檢

道光二十九年五月二十一日

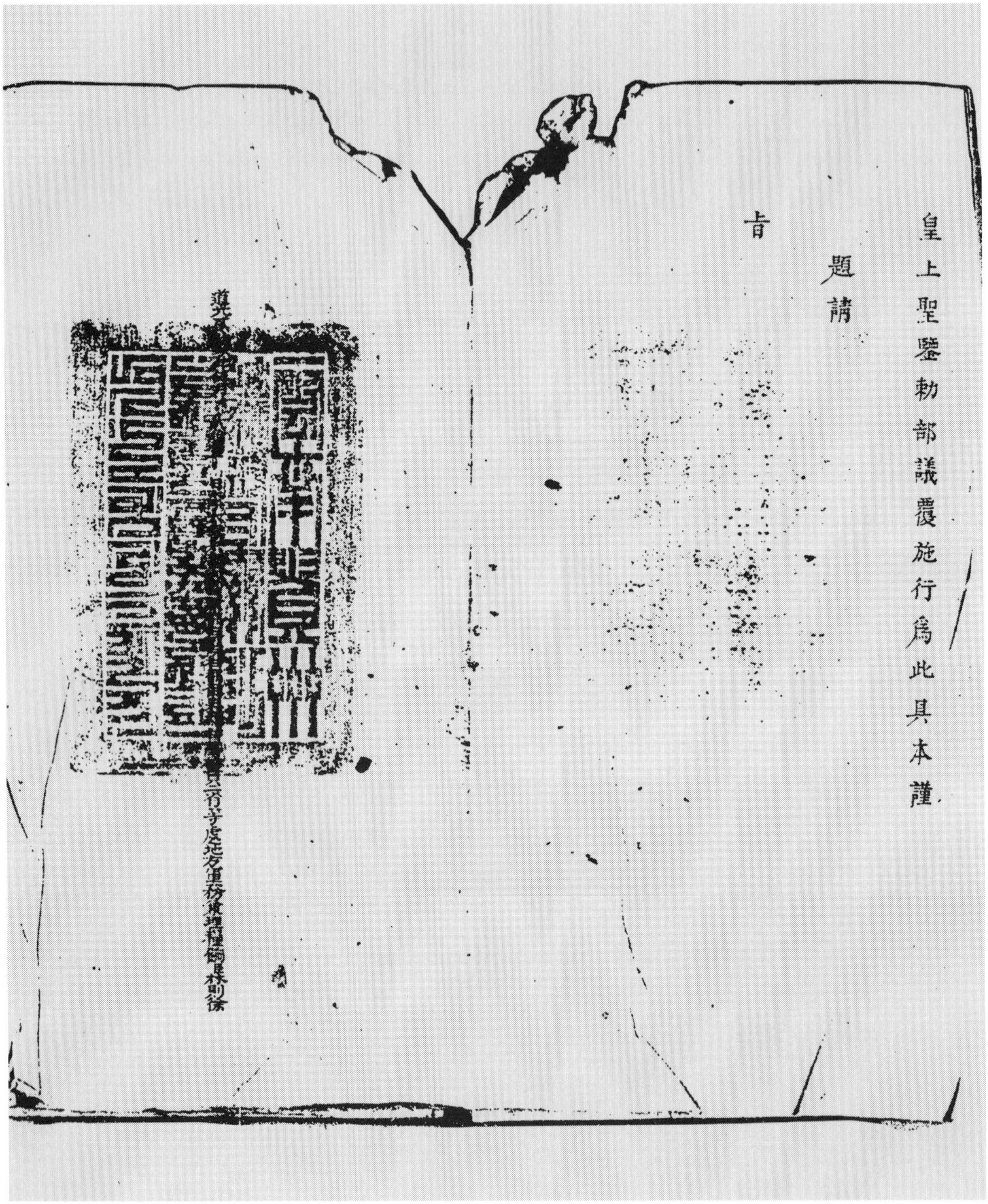

皇上聖鑒勅部議覆施行爲此具本謹

題請

旨

道光……等處地方軍務兼理糧餉臣林則徐

太子太保兵部尚書兼都察院右都御史總督雲貴二省等處地方軍務兼理糧餉臣林則徐謹
題爲請襲土職事該臣看得雲南浪穹縣屬鳳羽
鄉土巡檢尹見道病故所遺土職應查合例之
人詳請承襲茲據雲南布政使趙光祖行據該
管地方官查明尹見道長子尹樹德因耳聾重
聽不能襲替有伊子尹守仁現年貳拾肆歲係
尹樹德正妻戴氏親生長男已故土巡檢尹見
道嫡親長孫並無過繼詐冒違礙等弊夷衆悅
族無爭職之人請以頂襲祖職與例相符取
宗圖各冊結及尹見道原領號紙由府申送
移司核明詳請具
題前來臣覆查無異相應
題請將尹守仁准其承襲浪穹縣屬鳳羽鄉土巡
檢之職頒給號紙以專責成除宗圖各冊結號
紙送部外臣謹會
題請
旨

雲貴總督林則徐等奏摺　遵旨查明黔省文武員弁緝捕情形無庸另議章程

奏

雲貴總督臣林則徐
貴州巡撫臣喬用遷跪

奏為遵
旨查明黔省文武員弁緝捕情形無庸另議章程恭
摺奏祈
聖鑒事竊臣等接准兵部咨欽奉
上諭御史戴絅孫奏各省捕務請定將弁協緝章程
一摺著各督撫各就本省情形覈議具奏摺併發
欽此遵查黔省地處苗疆山深箐密毗連滇粵
川楚盜賊易於潛蹤緝捕尤關緊要向照定例
凡遇盜劫及搶竊各案該管文武員弁親詣會
勘協同捕拏如逾限不獲即將文武開叅疏防
立法本已周備前因鎮遠黎平都匀古州等府

廳屬山路險峻苗民良莠不齊習於桀驁者出沒為匪文武應行協緝設立捕盜專兵在於鎮遠古州兩鎮額兵內每兵百名量地方之衝僻挑選十名或五名統計一千餘人專捕盜賊各營將官令城汛千把總外委管領分隸府廳州縣文員兼轄督率捕兵捕役查拏分別功過賞罰至古州等十衞屯堡多與苗寨接連責成各衞弁督飭屯軍在於所管界內及距屯堡十里以內者俱令協同地方文武巡緝其查拏認眞者量予獎勵不力者與汛弁一併參處俾營衞互相巡查捕務益臻嚴密於道光二十三四年經前督撫臣

奏准遵辦在案近因村寨遥遠聲氣不相聯絡塘
汛又隔十里八里殊難擊柝相聞各於塘汛中
間添設窩鋪酌派捕役壯丁住宿巡防經費由
地方文員捐辦是黔省緝捕文武並用兵役各
有專司與該御史所奏意見脗合且近年挐辦
劫搶案犯較多均係文武協獲似辦理頗著成
效應請仍循其舊無庸另議更張誠恐日久懈
弛或藉端諉卸立即嚴叅懲辦臣等受
恩深重弭盜安民實有專責惟當隨時查察認眞督
挐有犯必獲以期盜匪斂跡仰副
聖主整飭捕務綏靖苗疆之至意並據署藩臬兩司
具詳前來所有遵

旨查明黔省文武員弁緝捕情形無庸另議章程緣

由謹合詞恭摺具奏伏乞

皇上聖鑒謹

奏

依議

道光二十九年五月　二十八　日

林則徐病難速痊請開缺由

奏

隨旨交

○

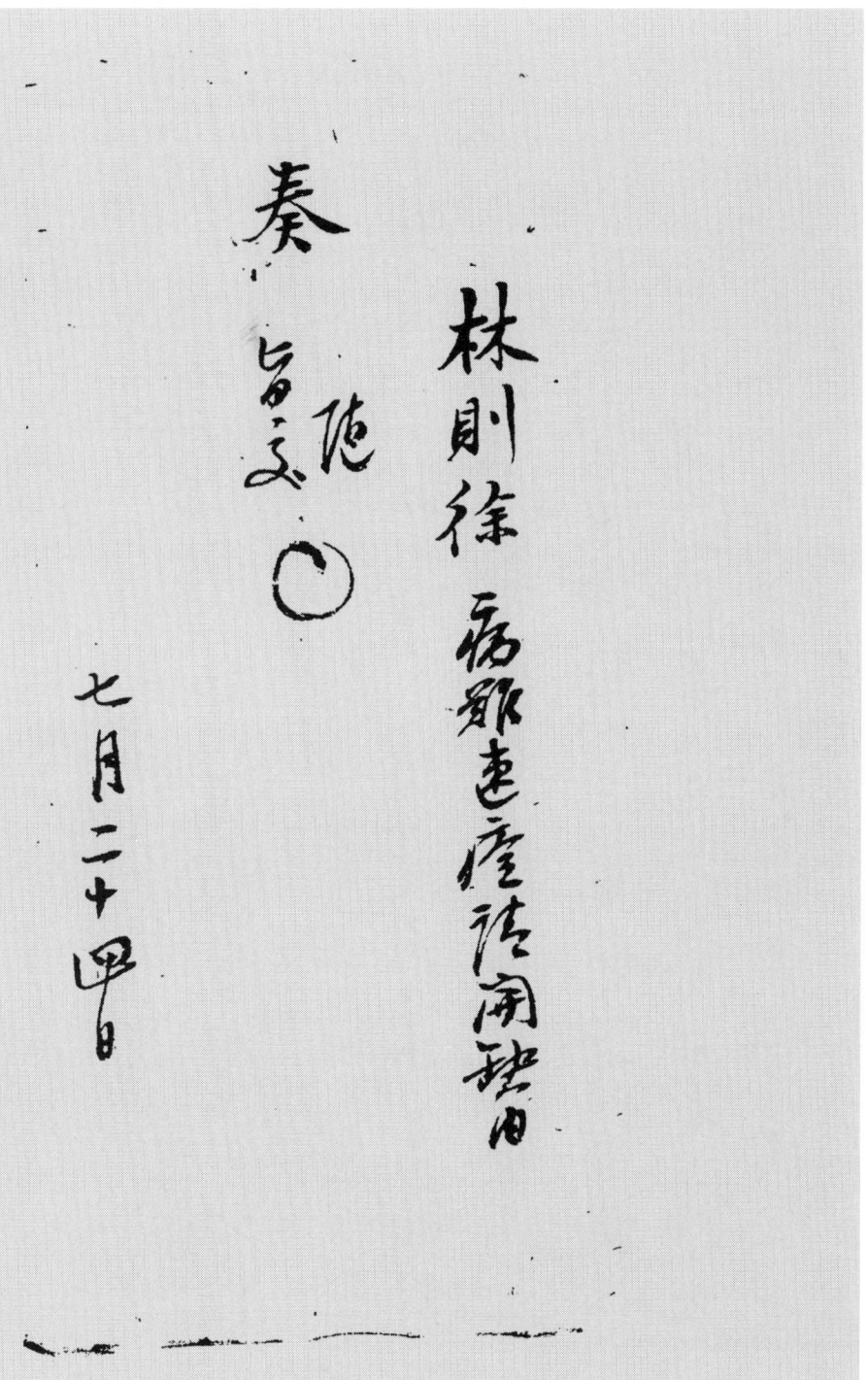

七月二十四日

雲貴總督林則徐奏摺　病勢劇增難冀醫痊請開缺回籍調理

道光二十九年六月十七日

雲貴總督臣林則徐跪
奏為微臣病勢增劇一時難冀醫痊謹瀝下忱籲懇
天恩俯准開缺回籍調理恭摺奏祈
聖鑒事竊臣前因疾迭發自去冬至以來疝患增
嗽症氣喘泄瀉諸症倍甚於前自顧萬難支持
恐貽悞公事不得已奏懇
恩施賞假一月將督篆交撫臣程矞采兼署俾得服
藥靜攝以冀速痊如病勢日見減輕即未滿一月
之期亦必急圖銷假豈以莅任之後經延誤
詎臣前月請假以來如心愈急切而病之根節
愈多緣一身之中虛火浮於上痰濕滯於中虛
元氣陷於下節節互相牽礙用藥偏難兼顧此未

之言如語脾泄之勤症氣之痛無非積之之所致
須服溫劑而甫乃服之則虛火愈以上浮肩腫
舌破咽喉亦痛而氣之下陷者如故因而稍加
涼劑則脾肺間濕痰更為黏結咳嗽愈多痰愈
不出並因咳久成喘上氣喘逆不平中氣又不
宜通下氣仍不收攝且脾泄多而兩足軟弱步
似乎雖值虛火起而兩耳傳聞言如隔層
徑接日程屬采每日診錄雖經在省之司道
紛紛至日服勞靜視咸以用藥無多棘手不如
靜養而宜而日所肤之根心能久遲急者則以
目下虛急殘守寢寐皆不自安伏念日以今
容微臆述

聖明恩遇，由翰林御史出爲道員，三十年間洊膺封
圻重任，兩江兩湖兩廣陝甘雲貴五處總督，
實非臣才力之所能勝，且于獲咎之餘，復蒙
恩加再造，即捐糜頂踵，何足仰答
高深，然欲手斷不敢措手，而奉職實屬曠職，雖
此時省會已有撫臣程矞采兼署，其亦可以精勤
熟悉，便實勝于臣，惟臣現病日增，若本缺未開，必
不能安心調理，伏乞
聖主鴻慈，准將雲貴總督另
揀簡放，以專責成，臣開缺之後，即回原籍，從容調理，其
馳赴他省，順便就醫，庶幾心緒稍寬，病勢或能
漸轉如常

且疾幸獲就痊即當入京泥首
宮門懇求
賞給差使斷不敢自就安逸仰負
生成而有額懇下忱謹繕摺具
奏伏乞
皇上聖鑒訓示目下不勝惶悚恐懼之至謹
奏
道光二十九年六月廿四日奏
硃批　欽此
七月十七

上諭　林則徐奏東川營左軍守備張斌年力就衰著勒令休致

道光二十九年六月二十七日内閣奉

上諭林則徐奏甄別守備等語雲南東川營左軍守備張斌弓馬平常且年力就衰難期振作著即勒令休致該部知道欽此

上諭 林則徐等奏桂文奎領運銅觔虧短著革任勒賠追繳

道光二十九年六月二十七日內閣奉

上諭林則徐程矞采奏請將辦理銅斤短絀最多之運員革職勒賠一摺雲南昆陽州知州桂文奎領運丙午年正運三起戶局額銅七十二萬斤已短至十七萬四千餘斤之多現當整頓銅務之際自應從嚴懲處以儆其餘桂文奎著即革任仍扣留滇省勒限照數賠繳儻限滿完不足數即著嚴行追繳從重懲辦餘著照所擬辦理該部知道欽此

上諭　著照林則徐所請以劉定泰陞補貴州威寧鎮標中軍遊擊

道光二十九年六月二十七日内閣奉
上諭林則徐奏揀員請升要缺遊擊一摺著照所請
貴州威寧鎮標中軍遊擊員缺准其以劉定泰升
補照例送部引見該部知道欽此

上諭　著准林則徐賞假一月安心調理

道光二十九年七月初一日内閣奉

上諭林則徐奏舊疾屢發請賞假調理一摺林則徐

著賞假一月安心調理餘著照所擬辦理欽此

上諭　著准林則徐開缺回籍安心調理

道光二十九年七月二十四日内閣奉
上諭林則徐奏患病懇請開缺一摺林則徐著准其
開缺回籍安心調理欽此

前任雲貴總督林則徐奏摺　**恭謝天恩准開缺回籍調理**

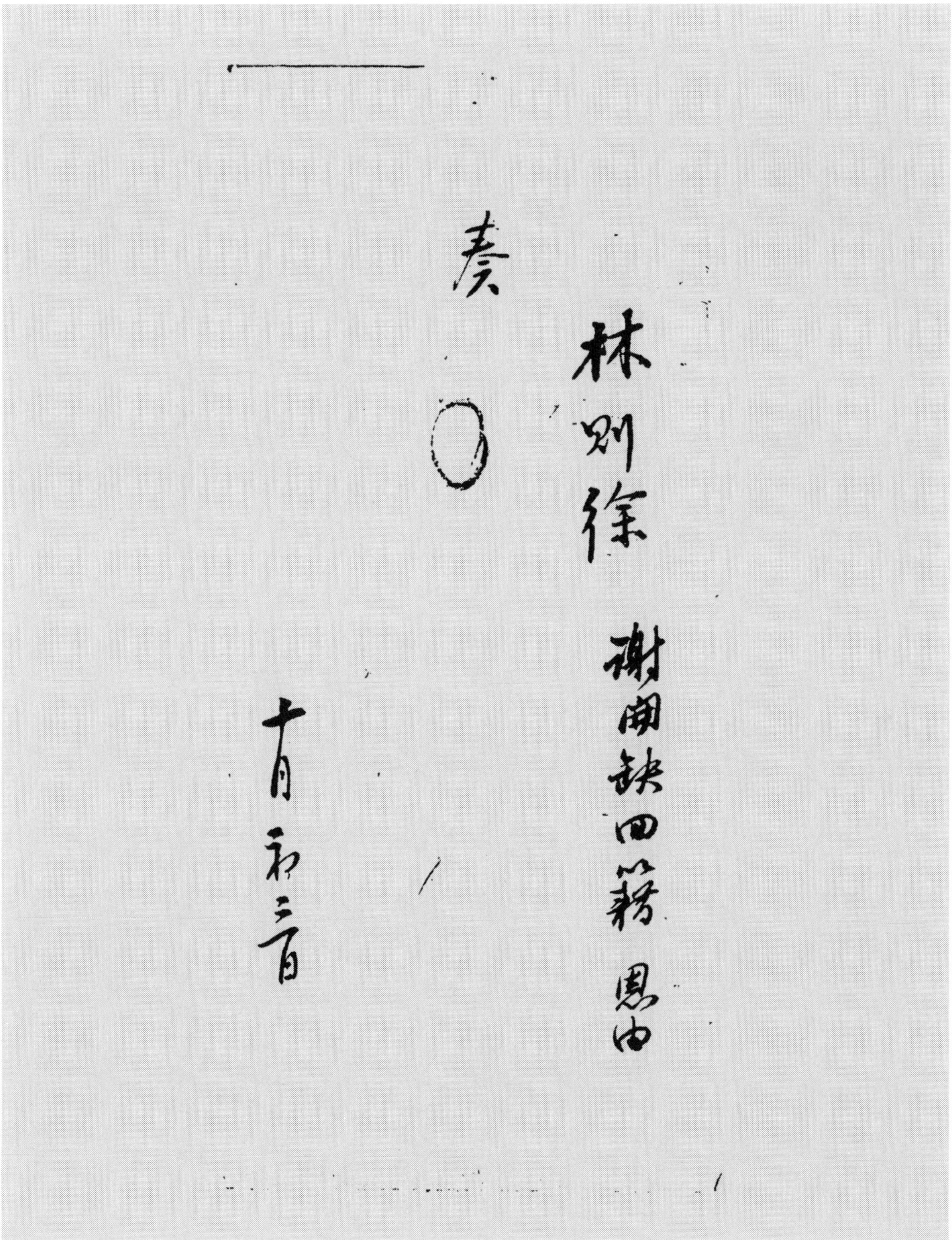
林則徐　謝開缺回籍恩由
奏
十月初二日

前任雲貴總督臣林則徐跪
奏為恭謝
天恩事竊臣前因患病奏請開缺一摺當奉到
批回並准新授督臣程矞采移知已准部咨欽奉
上諭林則徐著准其開缺回籍安心調理欽此臣於臥
疾之際捧誦
恩綸感激涕零莫能言喻伏念臣自慚庸陋屢蹈愆
尤仰蒙
聖慈
恩加再造即擢膺疆寄不足上答
高厚乃以精力衰頹致嬰犬馬之疾非惟恐誤公務皆祇
得據實陳情仰蒙

賞假加於
准開缺調理尊蒙已切迭聞
緣以故山梓里久離益章
允其回籍雖病軀委頓仍然調養之餘乘而遵
旨就道當可優程而靜攝非卅載歷逝
知遇未酬仰報夫
生成者一息猶存支撐不敢自甘於畢棄謹已撤日感
激悚愧下忱理合恭摺叩謝
天恩伏乞
皇上聖鑒謹
奏
道光二十九年十月初二日奉

前任雲貴總督林則徐奏摺 恭謝天恩准開缺回籍調理
道光二十九年八月二十六日

前任雲貴總督林則徐奏摺　恭謝天恩准開缺回籍調理
道光二十九年八月二十六日

硃批覽奏悉

八月二十七日

上諭 具奏錯字自行糾正林則徐程矞采著一併交部察議

道光二十九年九月二十日内閣奉
上諭程矞采奏上年具奏迤西善後移撥弁兵條内將景蒙營左哨二司把總誤作右字自行檢舉並請更正等語著該部即行更正程矞采著與前任雲貴總督林則徐一併交部察議欽此

前任雲貴總督林則徐奏片　**彙繳近年奉到硃批奏摺**

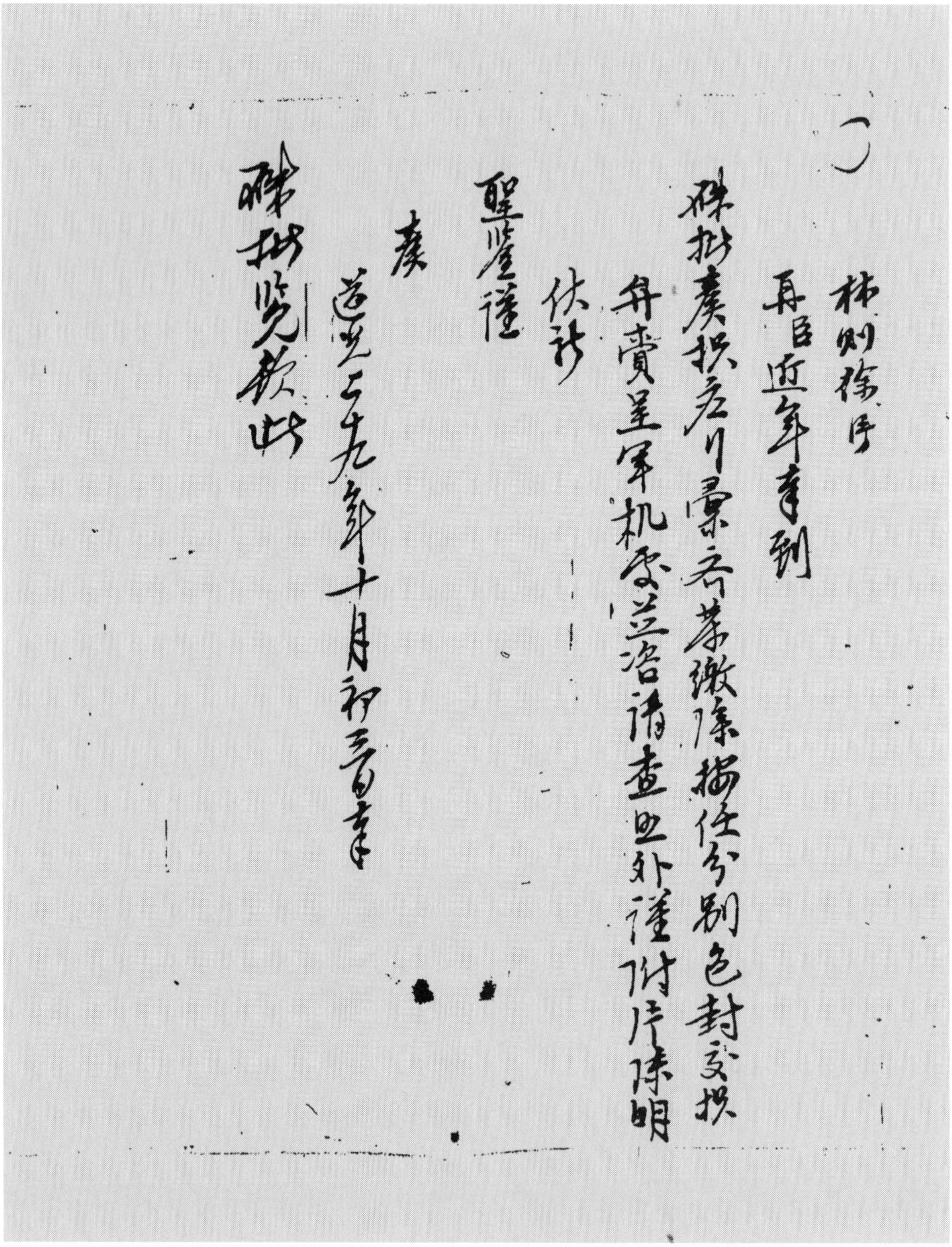
林則徐片
再臣近年奉到
硃批奏摺應行彙齊恭繳除將摺分別包封交摺
弁賫呈軍機處並咨請查照外謹附片陳明
伏祈
聖鑒謹
奏
道光二十九年十月初三日奉
硃批覽欽此

上諭 著照林則徐等奏分别獎勵捐輸踴躍官紳

道光二十九年十月十三日内閣奉

上諭前據林則徐等奏官紳捐輸經費懇請鼓勵當交該部議奏兹據該部查照章程開單呈覽該官紳等踴躍輸將自應分别加恩以昭激勸雲南候補直隸州知州吴銑著以知府雙月選用先换頂帶並給予紀錄一次補缺後在任候選師宗縣知縣崔紹中著開缺以直隸州知州仍留雲南儘先補用分發通判陳澐著改發貴州補用並賞加鹽提舉銜南關通判文鐸著賞加鹽提舉銜按察司經歷吴榮昌著將通判銜並前加一級註銷給予鹽提舉銜俊秀李丙暹著以布政司經歷不論雙單月選用並給予其父母應得封典九品頂帶胡

慰著以州同分發廣西補用並將本身應得封典
貤封其祖父母候選布政司經歷周汝椿著分發
貴州歸豫工二卯補用降調知縣陽之萃著以府
經歷仍留雲南歸候補班補用昆陽州吏目許濂
著以府經歷仍留雲南補用附生胡準著以府經
歷分發貴州分缺間用並給予紀錄一次監生李
曾傳著以府經歷分發貴州補用監生鄧元鎬著
以府經歷不論雙單月選用直隸候補縣丞劉傑
著遇缺即補候選縣丞梁金誥著分發貴州補用
分發四川縣丞李蔭著註銷分發以縣丞不論雙
單月插班間選並給予加一級鄧川州訓導武欽
臣著以縣丞不論雙單月在任候選並給予加一

級監生趙秉焯著以縣丞不論雙單月選用候選
教諭胡行達著不論雙單月選用並分發試用候
選訓導李旭著遇缺即選增貢生段嘉祥著以訓
導不論雙單月插班間選試用訓導黎兆勲著歸
捐班前選用仍留省試用副貢生陶意著以訓導
不論雙單月選用並分發試用俊秀馮思源王震
基監生鄧履坦朱學堅均著以從九品分發雲南
補用候選從九品王樹人著分發雲南補用監生
郃文暹著以從九品分發貴州補用候選從九品
夏寶森朱紹庚均著分發貴州補用候選從九品
劉恕田著分發甘肅補用俊秀陳治孫炘均著以
道庫大使不論雙單月選用俊秀闞恒裕潘昺綸

上諭 著照林則徐等奏分別奨勵捐輸踴躍官紳

道光二十九年十月十三日

官俊從九品銜鄭榮增監生唐金壽李承志均著
以從九品不論雙單月選用俊秀章堯文張國珍
監生官傑周嘉祥均著以從九品雙月選用俊秀
李家奎著以未入流分發雲南補用布政司理問
銜李天相著將本身妻室應得封典貤封其祖父
母布政司經歷銜楊國卿著給予其父母應得封
典編修林汝舟著給予隨帶加三級禮部主事謝
樹瓊知州鄧墀淩昆周力墉馬宏圖鹽提舉夏光
煜典史丁榦均著給予加一級知州鄒衍泰著給
予加二級俊秀馮葆坤著給予布政司經歷銜監
生鄒之楨著給予州同銜俊秀鄭吉壽監生楊蔭
春增生蘇郁文均著作為貢生俊秀起有恒等四

十四名均著給予從九品銜俊秀扎拉芬著以筆
帖式補用俊秀鄭淑元著以布政司經歷不論雙
單月選用貴州候補府經歷吴儼著改發雲南歸
捐班前先用試用從九品陶琮著以府經歷仍留
貴州補用候選府經歷蔣嘉穀著分發貴州補用
監生魏畛先著以縣丞分發江西補用分發縣丞
熊國琛著分發雲南補用增生霍維著以訓導不
論雙單月遇缺即選候選訓導周家琅著插班間
選候選訓導周增泰著分發試用候選訓導吴治
鈞廩生趙利濬增生霍綎附生薛文焄均著以訓
導不論雙單月選用並分發試用監生孫俊著以
按察司照磨分發貴州補用候選按察司照磨史化

明著分發安徽補用貴州試用州吏目曹琅著改發湖南歸籌備例補用四川候補從九品湯世楫著遇缺即補監生蔣天澤著以從九品分發四川補用監生李昌焌候選從九品蔣樹昌均著以從九品分發省分補用候選從九品廖壽常著插班間選監生鄭慶魁著以從九品不論雙單月選用已滿吏許棣監生王則學均著以從九品雙月選用監生畢庭璜著以未入流分發四川遇缺即補山西試用未入流周維琳著儘先補用貴州候補未入流朱惟鎔著改發四川儘先補用候選未入流程義美監生周夢齡均著以未入流分發湖南補用監生陳光潤著以未入流分發陝西補用俊

秀黃鑑清著以未入流分發雲南補用俊秀陳雲
鶴著以未入流分發貴州補用候選未入流顏培
成著分發省分補用監生蒯正昌著以未入流不
論雙單月選用監生蘇鴻逵著以未入流雙月選
用貴州候補通判李珍知縣趙澤遠李克勲金臺
林堯年均著給予加一級俊秀聶士學著給予從
九品銜并給予應得封典監生傅壽春張緩現銑
贊均著給予布政司理問銜監生左瑞著給予布
政司經歷銜增生田培荆丁鴻章王承均監生蕭
廣聰俊秀吳元睿均著作為貢生已滿吏張瓚等
一百十八名均著給予從九品銜守禦所千總銜
鄧松榮著註銷原銜以都司分發雲南補用候補

衛千總姬文志著註銷加一級遇缺即補揀選武舉王鳳鳴著准其以本身封典貤封父母武生蘇景章著給予把總銜湖南監生安長慶著以營千總分發本省提標補用貴州揀選武舉嚴廷貴著以把總分發本省拔補衛千總銜李光臣著給予營守備銜監生譚永仲著給予衛千總銜監生朱德棠著給予營千總銜州同銜李因材著以知州分發貴州補用從九品銜趙世欽著以從九品分發貴州補用雲南鎮雄州知州李德生著開缺以知府仍留雲南補用降調知縣韓捧日著照部議俟引見後再行給予加二級該部知道單併發欽此

大學士穆彰阿等奏片

會議程矞采奏迤西籌補軍費應如所奏辦理

再據該督片奏内稱查滇省向有鹽課溢餘一項每年約獲銀七八萬兩不等經前督撫臣奏明以一半報部撥用一半留為本省邊費充公上年永昌哨匪軍需借動鹽課銀十五萬餘兩臣與前督臣林則徐會奏不敢請動國帑應由本省籌捐請於一半鹽課溢餘内分作五年陸續歸補在案惟查邊費項下需用浩繁每年騰越廳幫中等處及開化鎮府龍陵雙水塘阿迷文山永善等廳州縣應領防邊練費暨巡緝私鹽加貼銅運經費需銀二萬九千有奇此外如遇有邊外游匪滋擾須派兵練分投剿捕均應給發鹽糧又如上年奏請迤西一帶改

大學士穆彰阿等奏片　會議程矞采奏迤西籌補軍費應如所奏辦理
道光二十九年十一月十五日

移營制自本年正月為始分撥弁兵將各處防兵全數撤回歸伍而覆准部文滇中於五月内甫經接到半年防費動用亦繁又如議定於永昌平坡駐兵百名防守江橋由提標派撥換防計程六站與永善之就近帶兵駐紮者不同部議准照永善成案每兵給予鹽菜銀一分口糧米八合三勺合銀八釐三毫實屬不敷食用不能不照騰越防兵給發鹽糧三分以示體恤且半年一換往來盤費亦復不貲種種需用均取給於邊費項下若再益以此項籌補軍需之款則支應為難辦理愈形竭蹶查滇南府廳州縣苦缺本多祇有數處較優可為挹彼注兹之計

從前辦有成案，視缺分之大小定銀數之多寡，量爲津貼，藉以酌盈劑虛。今擬仿照辦理，每年於永昌府提銀四千兩，騰越廳、蒙自縣各提銀三千兩，大理府提銀一千兩，楚雄府、思茅廳、黑鹽井提舉各提銀五百兩，以八千爲率，約可得銀十萬兩。再黑鹽井商竈前捐永昌經費銀五萬兩，分作五年完繳，計期於道光三十二年夏季可以交清，應請再令續捐銀五萬兩，仍給限五年照數交納，在竈力尚所無苦，而公項實大有裨。似此一轉移間，於軍需借動課銀除支用米穀合銀一萬一千一百餘兩，歸於此次清查案内提廉籌買外，其餘經費均得及時捐補，雖

於原奏期限寬展三年而邊費可期漸裕等語
臣等伏查該省上年迤西剿辦哨匪前據該督
撫等會奏此次軍需共動用銀十五萬八千九
百三十餘兩不敢作正開銷酌籌在於鹽課溢
餘留半款内匀作五年扣收歸款等因奉
旨允准在案今據該督奏稱鹽課溢餘邊費項下需
用浩繁若再益以此項籌補軍需之款愈形竭
蹷請仿照成案在於永昌騰越蒙自楚雄思茅
黑井等府廳縣提舉分别提銀津貼每年共提
銀一萬二千五百兩以八年為率約可得銀十
萬兩再黑井商竈前捐永昌經費於道光三十
二年夏季交清請再令續捐銀五萬兩仍給限

五年交納統計自本年冬季起至道光三十七年止八年之内掃數全完係為邊費支應不敷籌補經費起見應如所奏辦理應請
旨飭下該督即飭查照奏定年限按數提還歸款並令入於季冊造報以重邊費而便勾稽謹附片
具
奏

雲貴總督林則徐等奏片　密保舉永昌府知府張亮基可兼轄迤西及統轄滇省

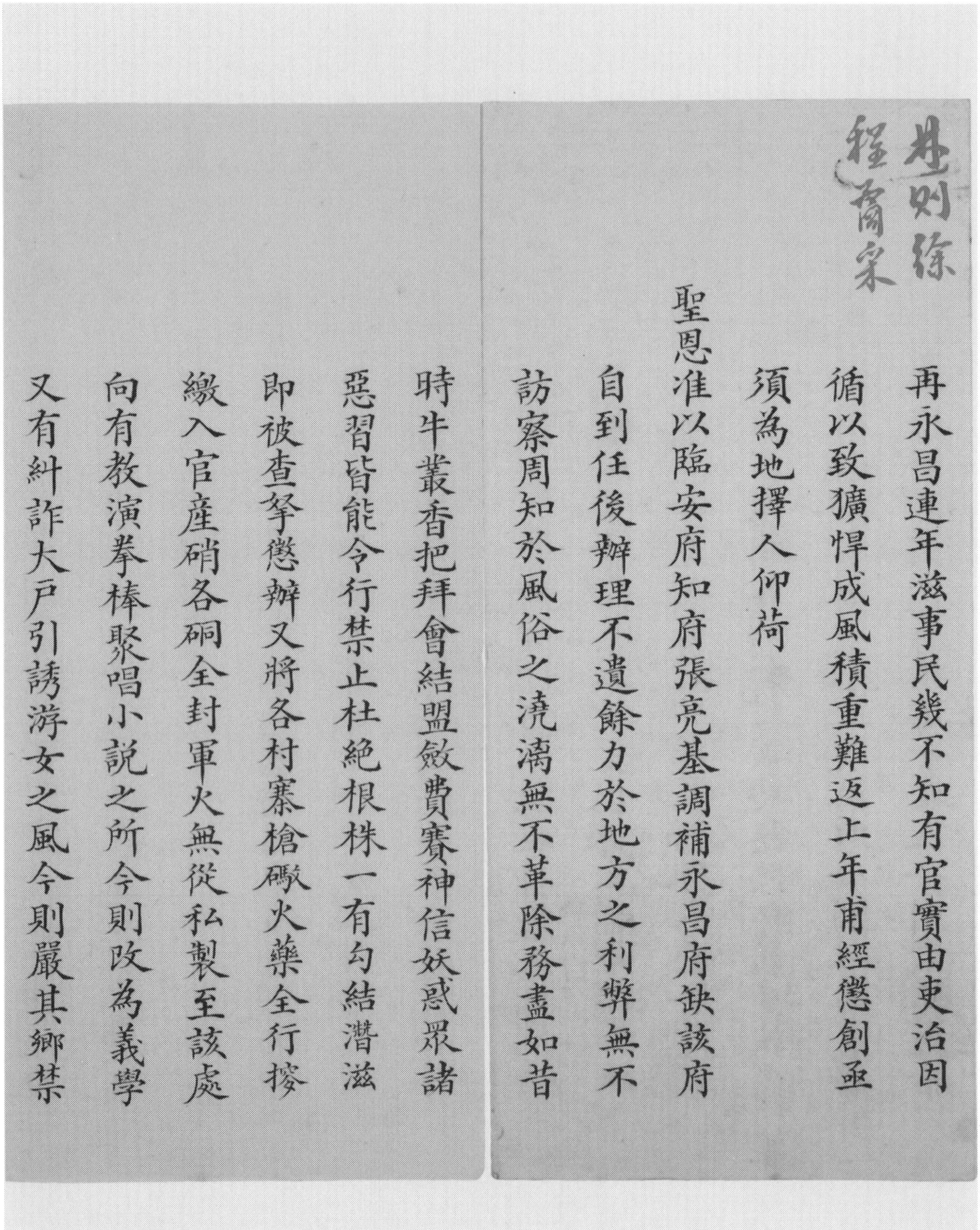

林則徐
程矞采

再永昌連年滋事民幾不知有官實由吏治因
循以致獷悍成風積重難返上年甫經懲創亟
須為地擇人仰荷
聖恩准以臨安府知府張亮基調補永昌府缺該府
自到任後辦理不遺餘力於地方之利弊無不
訪察周知於風俗之澆漓無不革除務盡如昔
時牛叢香把拜會結盟斂費賽神信妖惑衆諸
惡習皆能令行禁止杜絕根株一有勾結潛滋
即被查拏懲辦又將各村寨槍礮火藥全行搜
繳入官産硝各硐全封軍火無從私製至該處
向有教演拳棒聚唱小說之所今則改為義學
又有糾詐大戶引誘游女之風今則嚴其鄉禁

雲貴總督林則徐等奏片　密保舉永昌府知府張亮基可兼轄迤西及統轄滇省　道光二十九年

徭役之累民者設法裁革之道途之險巇者捐
貲平治之合諸臣等正摺所陳安置回戶修護
回墳勸售回産等事無非任勞任怨期以永杜
衅端訪查彼處民情於該府懷畏兼深漢回如
一且不獨永昌一郡如是即附近之順寧蒙化
等屬亦莫不然是張亮基調任年餘竟能大挽
積年難挽之習臣等職司察吏似此實在得力
知府不敢壅於
上聞惟地方正當起色之時仍應責成經理將來遇
有兼轄迤西及統轄滇省之任如蒙
簡畀鴻慈似張亮基皆可力圖報稱以收得人之效
臣等為邊疆需才起見不揣冒昧謹合詞附片

雲貴總督林則徐等奏片　密保舉永昌府知府張亮基可兼轄迤西及統轄滇省

道光二十九年

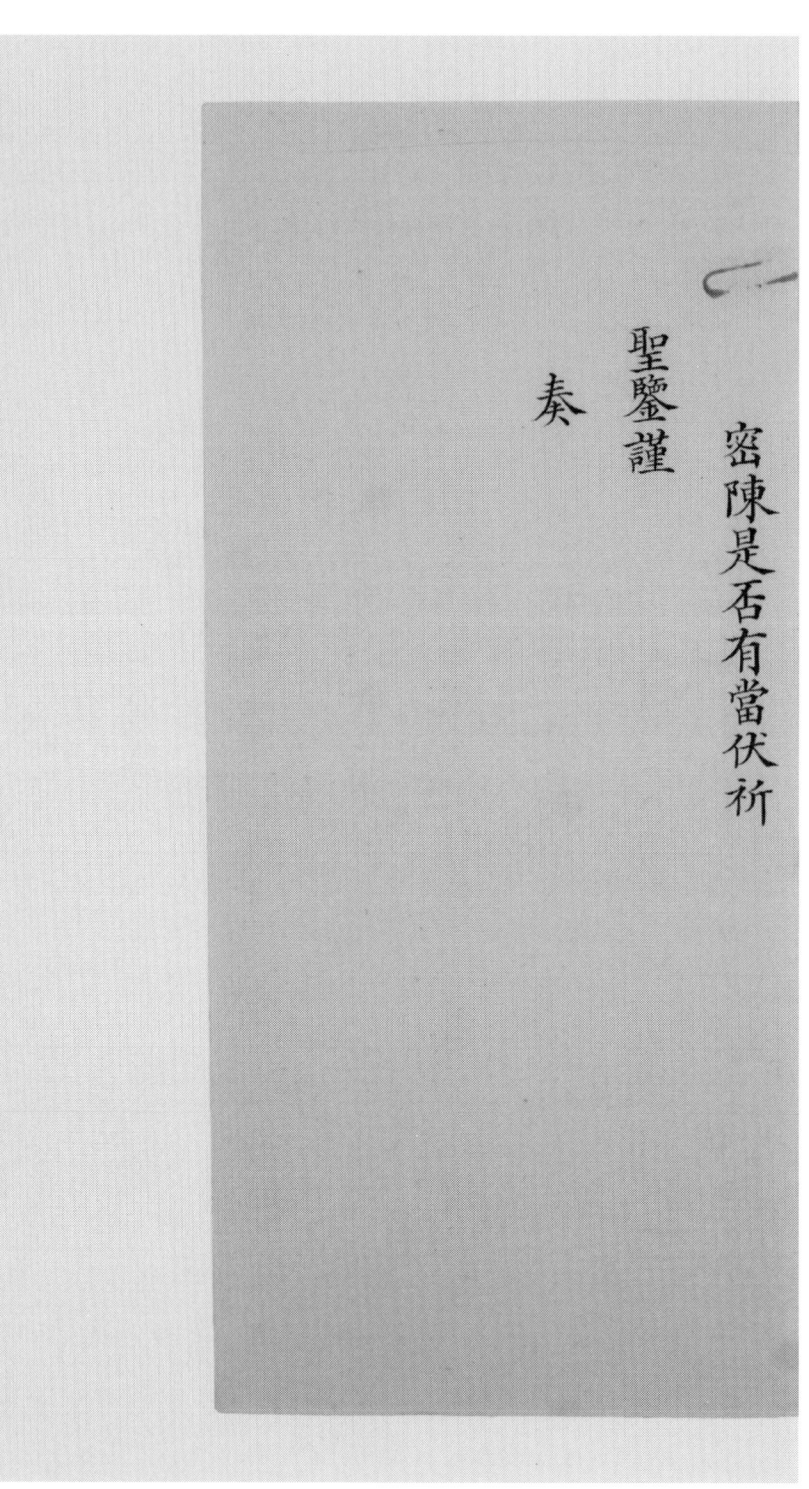

密陳是否有當伏祈

聖鑒謹

奏

閩浙總督劉韻珂等奏片　林則徐已到籍病尚未痊籲懇聖主節哀

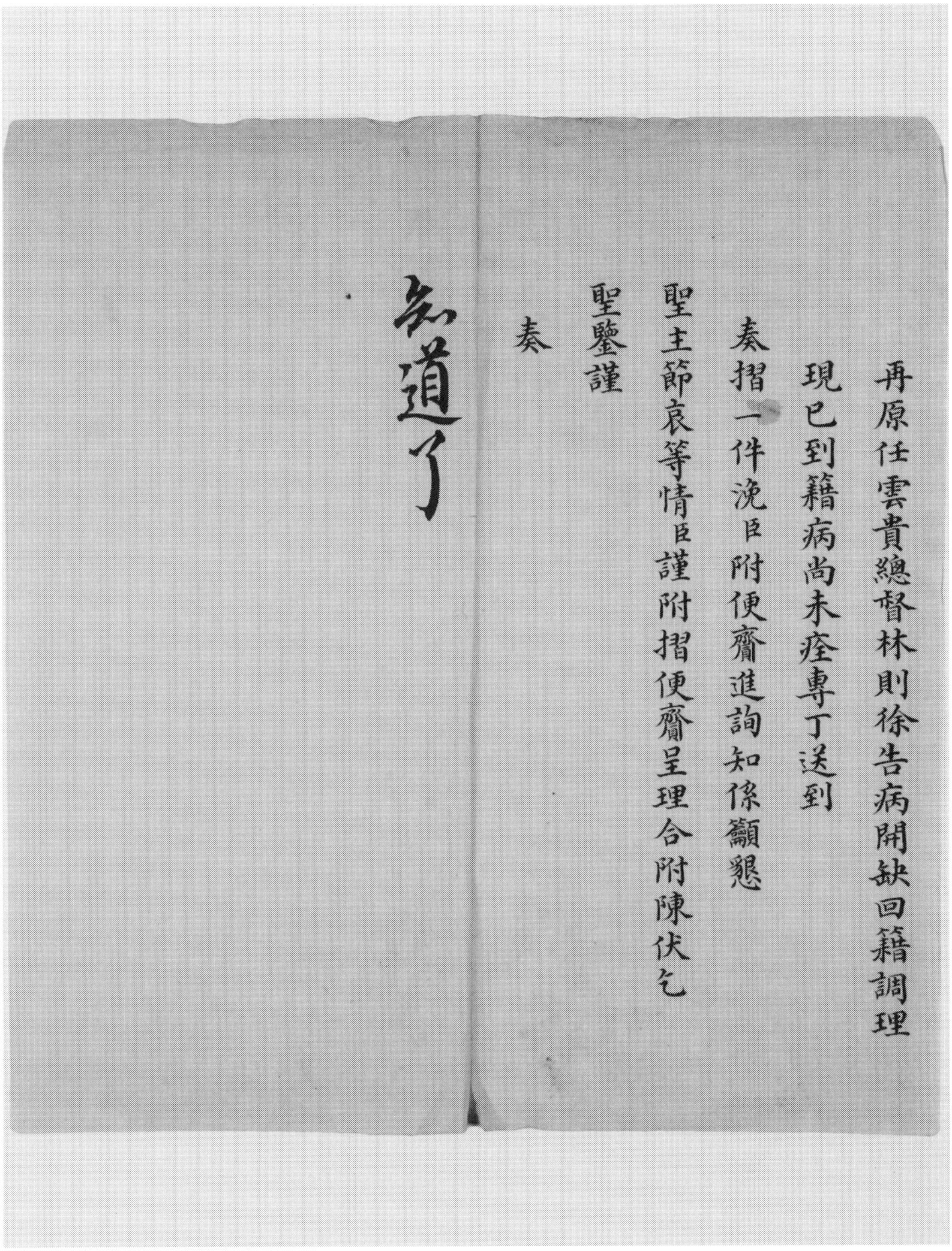

再原任雲貴總督林則徐告病開缺回籍調理
現已到籍病尚未痊專丁送到
奏摺一件浼臣附便齎進詢知係籲懇
聖主節哀等情臣謹附摺便齎呈理合附陳伏乞
聖鑒謹
奏
知道了

原任雲貴總督林則徐奏摺　**虔籲聖主節哀**

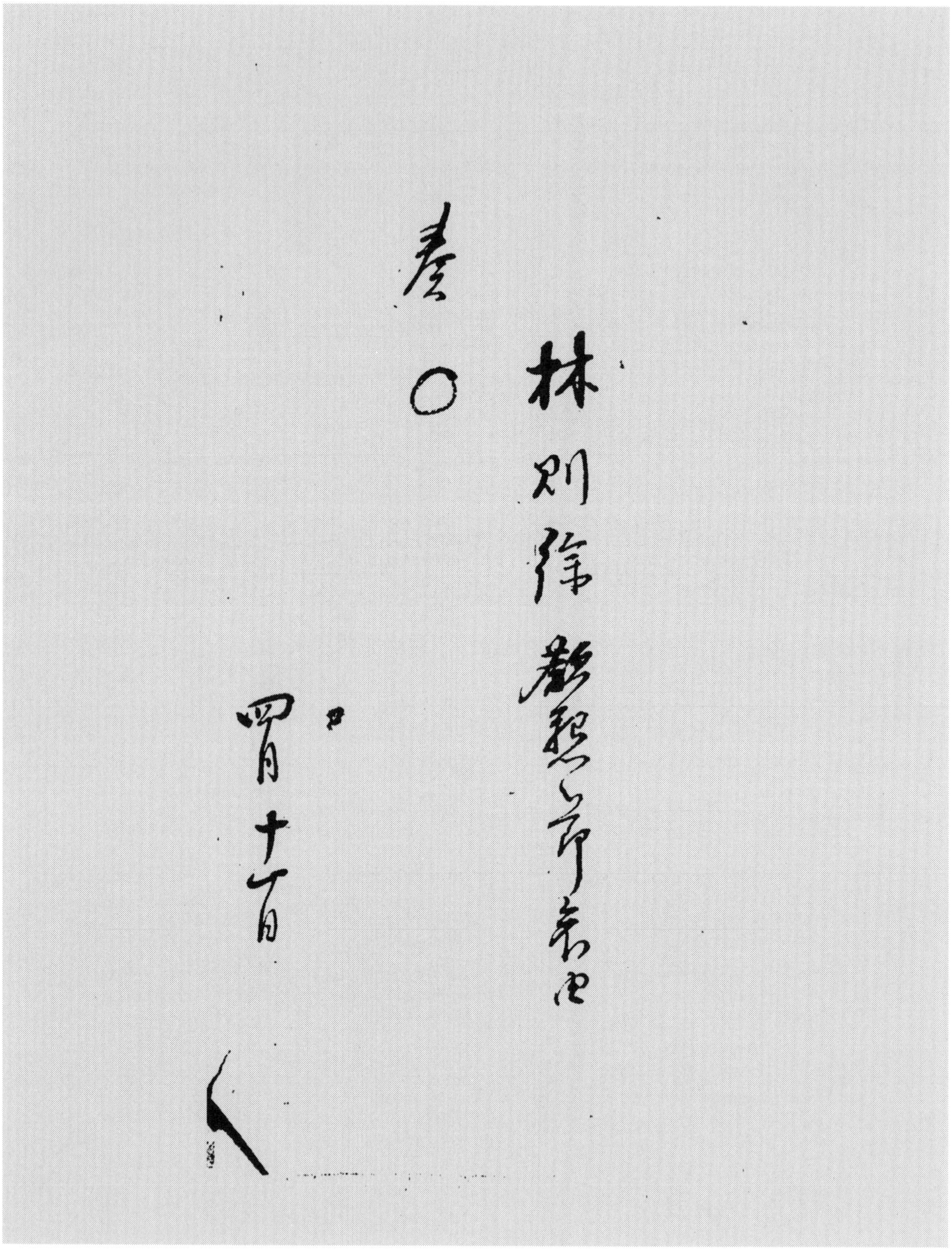
林則徐虔籲聖主節哀由
奏○
四月十日

原任雲貴總督林則徐奏摺 虔籲聖主節哀

道光三十年三月初三日

原任雲貴總督臣林則徐跪
奏為虔陳下悃敬懇
聖主節哀事。竊臣前在雲貴總督任內因病陳請開
缺，蒙
大行皇帝恩准回籍調理，途次痛聞
龍馭上賓，依地悲號，五中摧裂，謹就所在地方隨同成服。
現於二月初二日回至福建侯官縣原籍，病
尚未痊。仰維
大行皇帝深仁厚澤，覆冒寰區，歷三十年如一日。自聞
升遐之信，凡有血氣，哀感同深。我
皇上縞服式昭
孝思罔極，慕讀諒陰之

宣播咸欽
懷慕之至誠惟皇上
宵旰勵精
幾康時惕伏乞推
憂勤之際稍節
哀思以大局為臣民所共瞻依虔籲者也臣本由翰林
御史外授道員歷蒙
大行皇帝鴻慈擢至總督重任
恩隆情摯報全涓埃值臣舊病軀值深悲悚惟有勉加調
治一俟稍痊愈即當趨詣
闕廷叩伸瞻覲
天顏並求兼使呈於其附請誥

山陵叩謁稍展犬馬忠懷所有撫日哀感下忱謹繕摺

由驛拜摺附便具

奏伏乞

皇上聖鑒謹

奏

道光三十年四月十二日奉

御批知道了欽此

三月初三日

上諭　著劉韻珂等查明林則徐陳慶鏞是否在籍能否來京候簡具奏

軍機大臣　字寄

閩浙總督劉　福建巡撫徐　道光三十年三月三十日奉

上諭據大學士潘世恩禮部尚書孫瑞珍工部尚書杜受田先後保奏前任雲貴總督林則徐又據戶部侍郎朱鳳標保奏前任工科給事中陳慶鏞均堪備簡用請飭令來京各等語著劉韻珂徐繼畬即查明該員等是否在籍有無事故能否來京候簡據實具奏將此諭令知之欽此遵

旨寄信前來

大學士管理兵部事務耆英等題本

林則徐豫保范成章掣籤普洱鎮標左營守備題請發給劄付

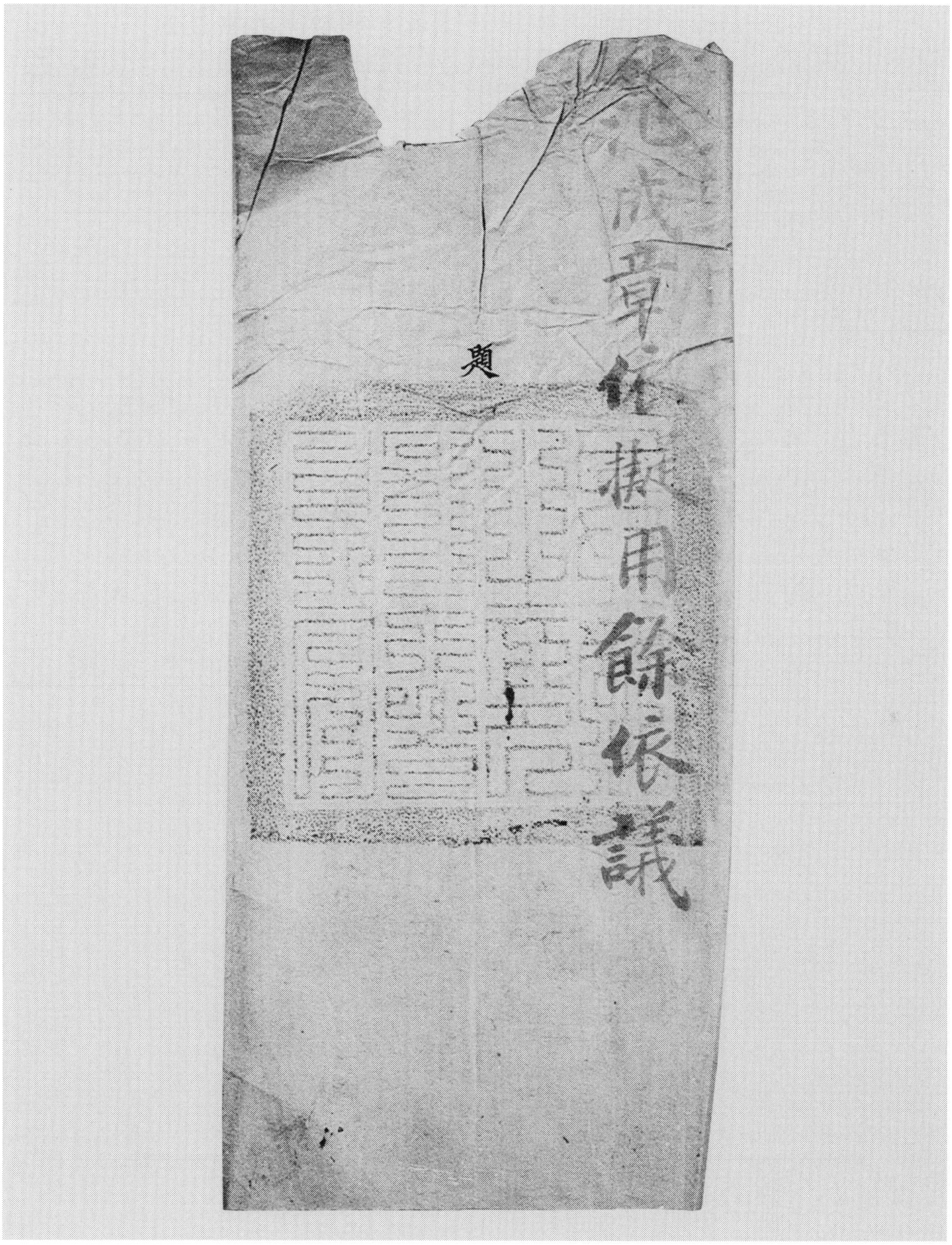

大學士管理兵部事務耆英等題本　林則徐豫保范成章掣籤普洱鎮標左營守備題請發給劄付
道光三十年四月十四日

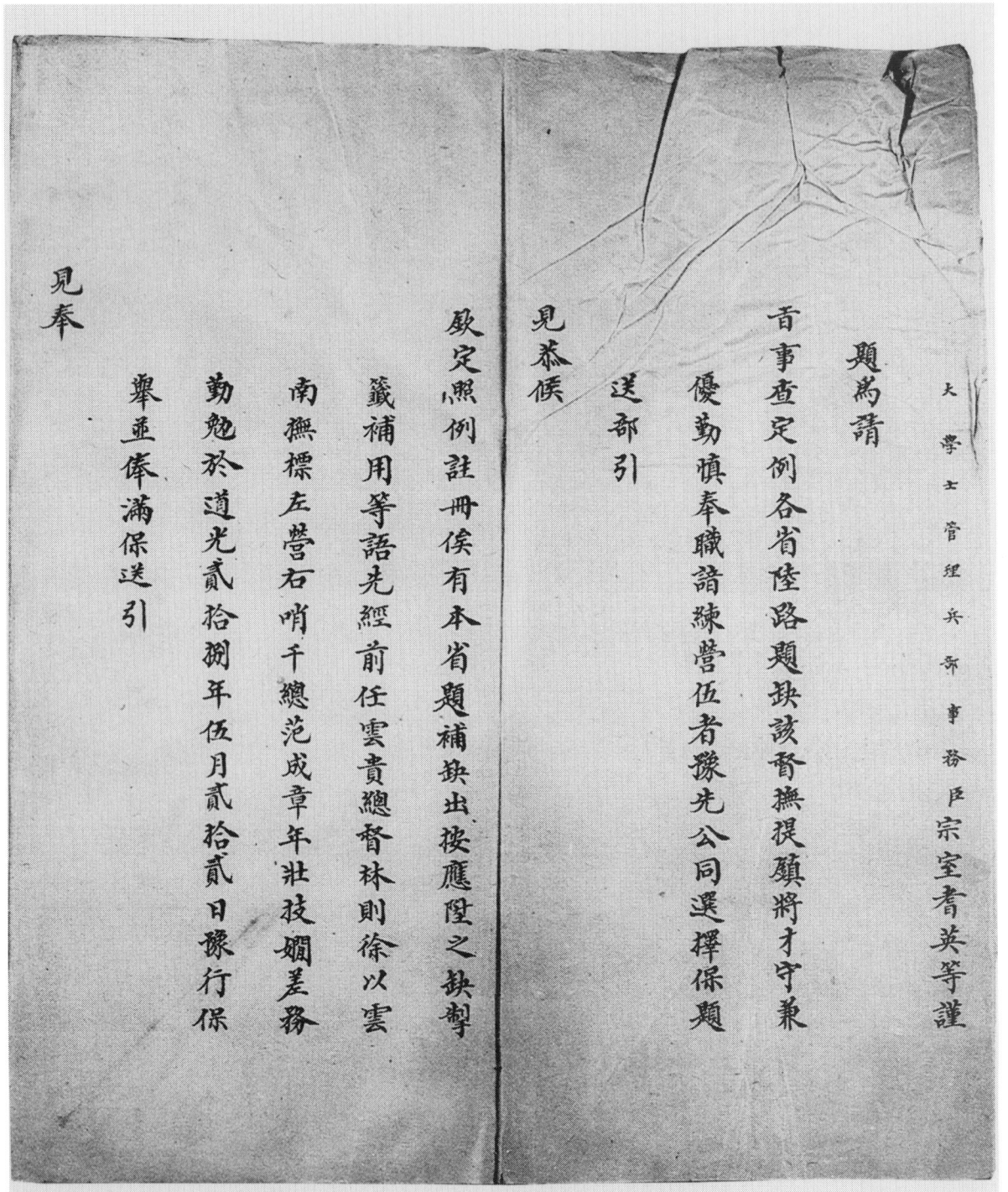

大學士管理兵部事務臣宗室耆英等謹
題為請
旨事查定例各省陸路題缺該督撫揀顯將才守兼
優勤慎奉職諳練營伍者豫先公同選擇保題
送部引
見恭候
欽定照例註冊俟有本省題補缺出按應陞之缺掣
籤補用等語先經前任雲貴總督林則徐以雲
南撫標左營右哨千總范成章年壯技嫺差務
勤勉於道光貳拾捌年伍月貳拾貳日豫行保
舉並俸滿保送引
見奉

成章

旨范成章准其豫保註冊著回任照例候推欽此欽遵
在案 今出有雲南普洱鎮標左營守備員
缺係題補之缺輪用豫保註冊人員臣等公同
掣籤將豫保註冊之雲南撫標左營右哨千總
范成章掣補理合繕寫履歷具
題恭候
命下臣部發給劄付令其任事再此本雲南普洱鎮
標左營守備員缺於道光叁拾年叁月拾貳日
掣補肆月拾肆日具
題臣等未敢擅便謹
題請
旨

大學士管理兵部事務耆英等題本　林則徐豫保范成章掣籤普洱鎮標左營守備題請發給劄付

道光三十年四月十四日

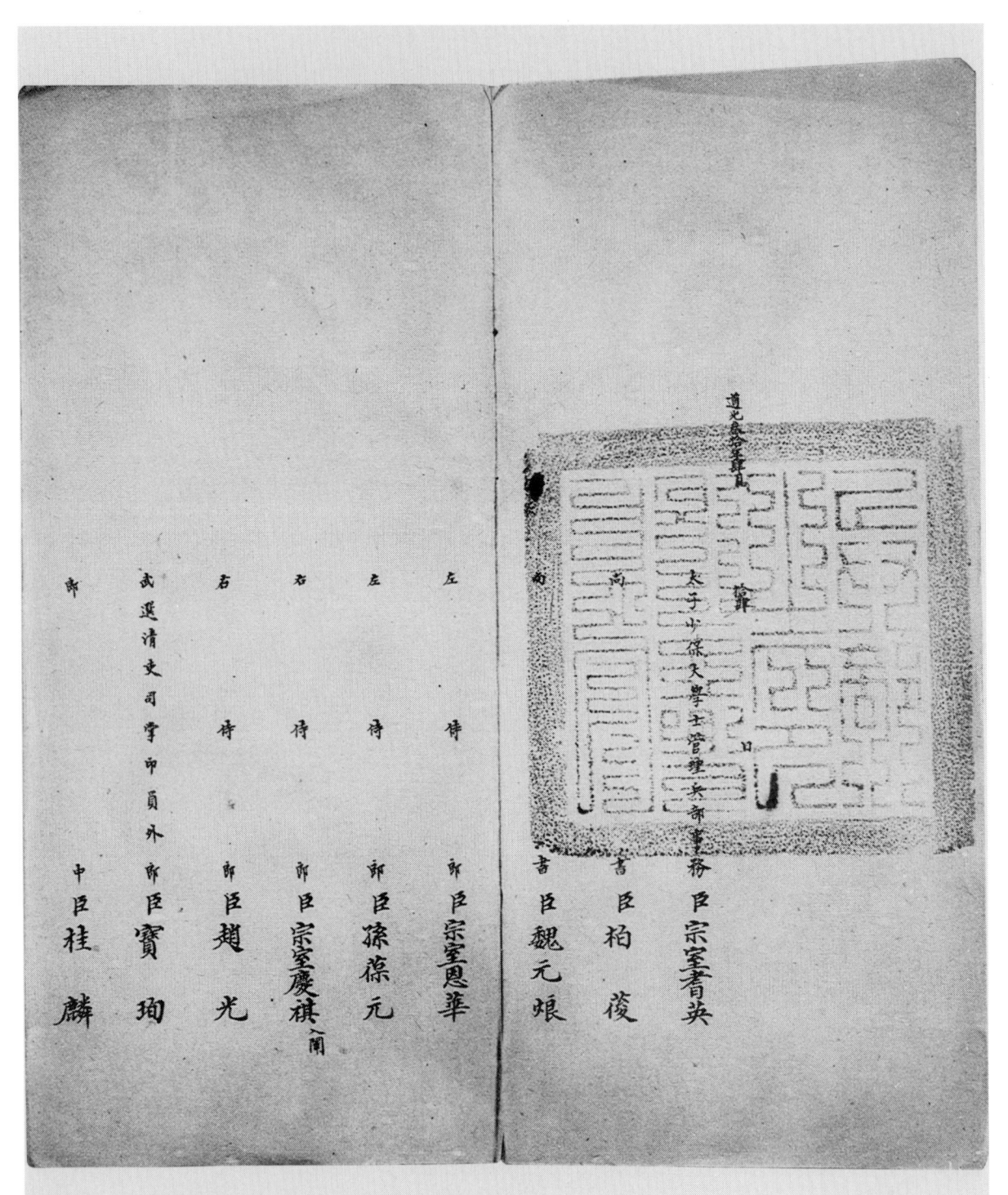

道光叁拾年肆月　日

太子少保大學士管理兵部事務臣宗室耆英

尚書臣柏葰

尚書臣魏元烺

左侍郎臣宗室恩華

左侍郎臣孫葆元

右侍郎臣宗室慶祺 入闈

右侍郎臣趙光

武選清吏司掌印員外郎臣寶珣

郎中臣桂麟

大學士管理兵部事務耆英等題本　林則徐豫保范成章掣籤普洱鎮標左營守備題請發給劄付

道光三十年四月十四日

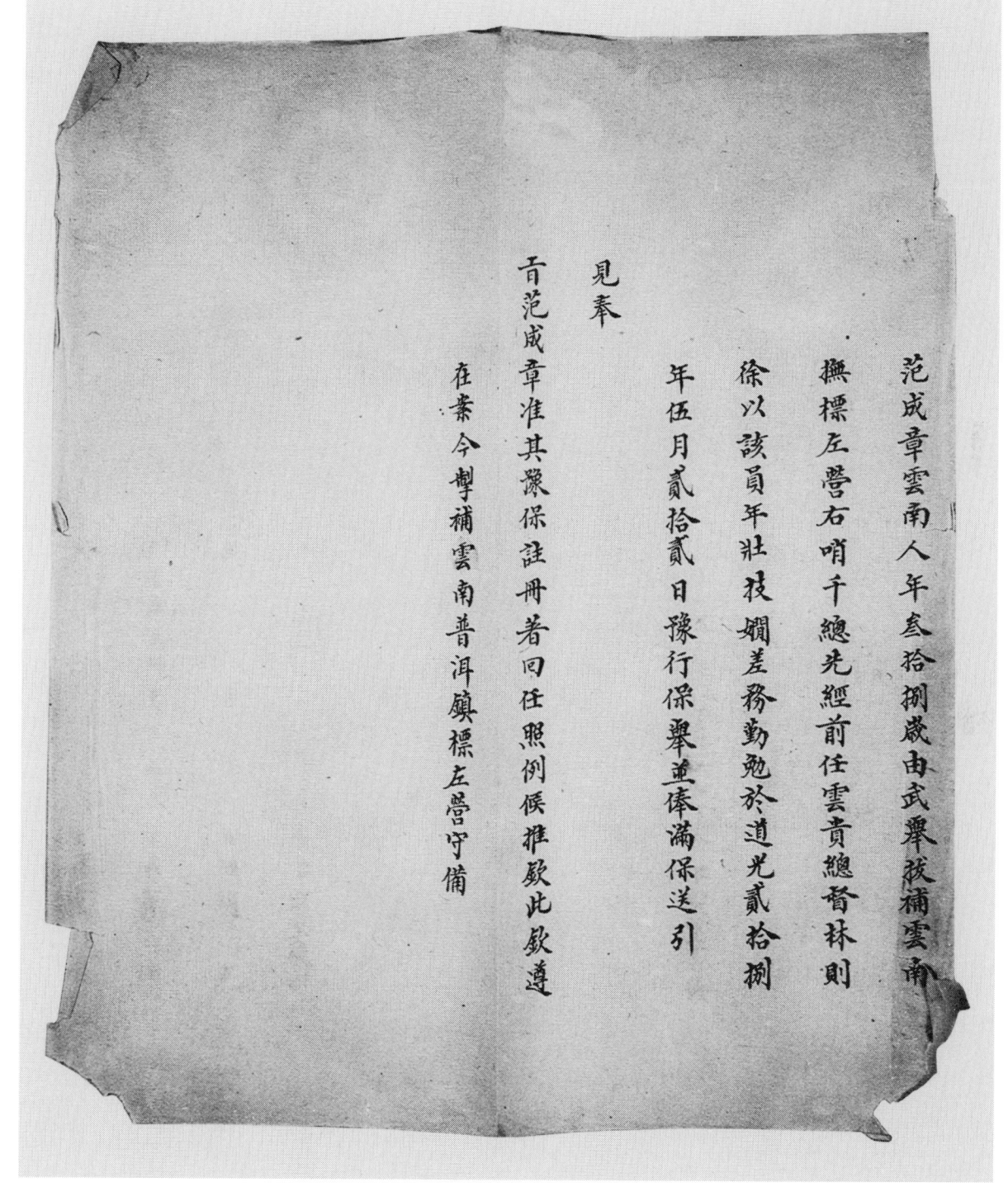

范成章雲南人年叁拾捌歲由武舉拔補雲南
撫標左營右哨千總先經前任雲貴總督林則
徐以該員年壯技嫺差務勤勉於道光貳拾捌
年伍月貳拾貳日豫行保舉並俸滿保送引
見奉
旨范成章准其豫保註冊着回任照例候推欽此欽遵
在案今掣補雲南普洱鎮標左營守備

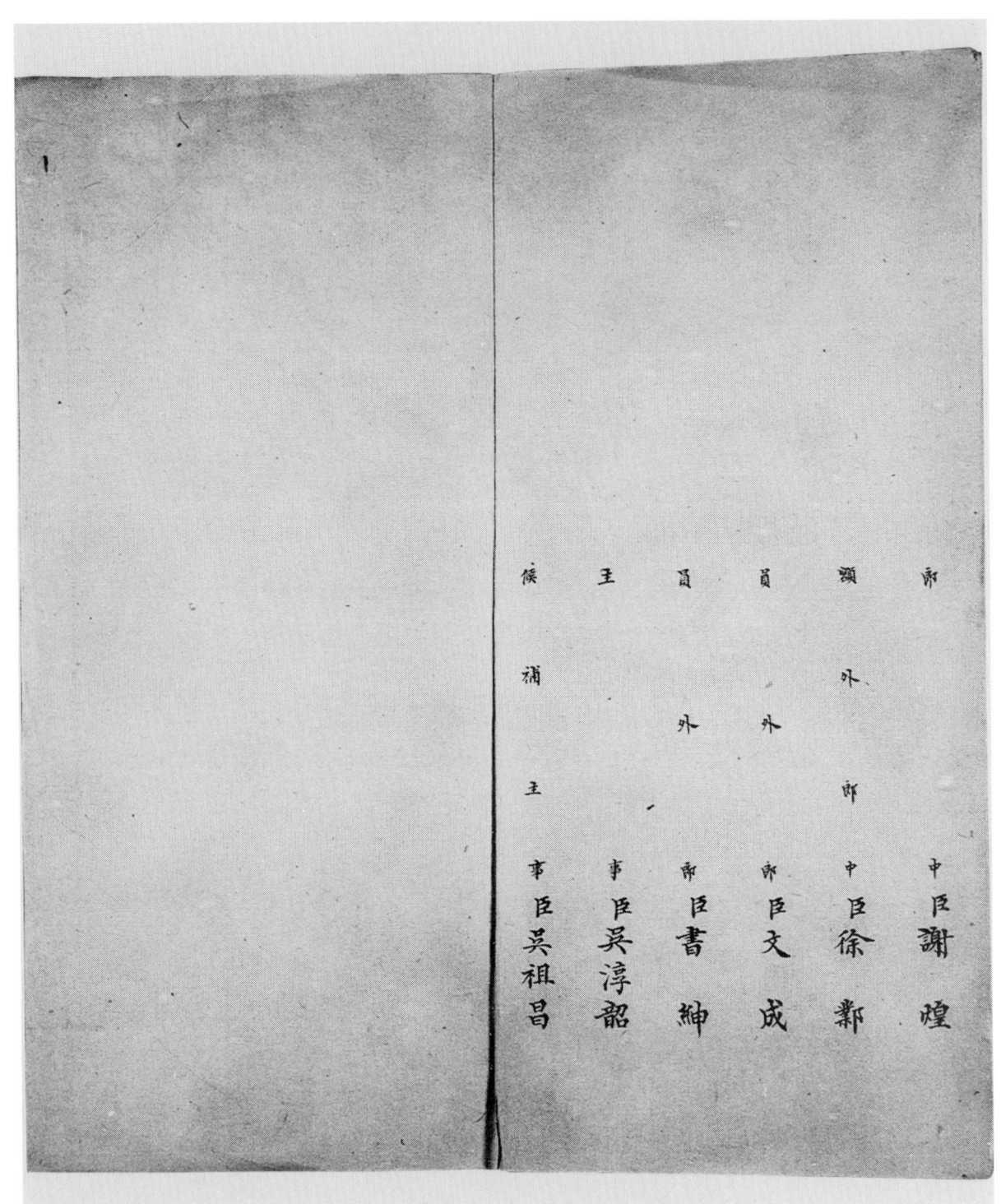

郎中臣謝煌
額外郎中臣徐鄴
員外郎臣文成
員外郎臣書紳
主事臣吳淳韶
候補主事臣吳祖昌

遵
旨保舉部院人員名單
大學士穆彰阿保
工部員外郎文彩　繙譯進士
人品端方才具穩練前在銀庫員外郎任内潔己自愛頗著
廉聲可否請
旨以京堂錄用本年三月十六日奉
旨以五品京堂候補
禮部員外郎聶澐　陝西舉人
品優識卓辦事諳練在軍機處行走有年現在領班可否請
旨以京堂錄用本年三月十六日奉
旨以五品京堂候補
戶部尚書賽尚阿保
戶部郎中熙麟　滿洲進士
雲南司掌印　京察一等雲南司專核各省漕糧及京通各倉
事務甚繁該員樸直老成精詳慎密辦事任勞任怨吏胥皆

嚴憚之實屬爲守兼優堪備

簡用

戶部郎中王映斗　廣東進士

雲南司正主稿　京察一等居心誠實辦事老練熟悉漕倉情形
辦理海運事宜亦極精細隨同查辦東南兩河及浙江清查
大臣辦理各務結實可靠堪備

簡用

戶部員外郎杜學禮　湖南進士

福建司正主稿持躬端謹辦事精細直隸一省錢粮向歸福
建司兼核該員悉心鈎稽均有條理前曾隨同查辦東河大
臣辦理工務於修防事宜亦能講求堪備

簡用

理藩院員外郎色克通額　蒙古人

旗籍司掌印　京察一等該員熟習滿洲蒙古文義前任察哈爾
遊牧之事奴才前在都統任內委辦案件均極認真及至到院辦理
一切事件諳練精詳不避嫌怨實屬可靠堪備

簡用

協辦大學士戶部尚書祁寯藻保

戶部郎中三壽　滿洲進士

山東司掌印　京察一等該員心地誠實勇於任事不避嫌怨前在陝西司掌印辦理陝甘清查所擬駁查各條臣出差甘肅查與案卷相符調山東司掌印與鹽務情形亦
能詳細講求請
旨量材簡用
戶部員外郎丁彥儔　河南進士
四川司正主稿該員秉性剛直表裏如一遇事頗有識見不肯依違兩可辦理四川司罰
賠案件均能詳慎洵為實心任事之員請
旨量材簡用
戶部主事董醇　江蘇進士
雲南司正主稿該員品端學裕識力過人熟悉漕倉利
弊辦理海運隨同收米大臣前赴天津頗能剔釐弊端
事竣保奏補缺歷經臣隨帶查辦天津鹽務甘肅控案臣
隨時體察實為有體有用之才請
旨量材簡用
大學士潘世恩保
翰林院編修馮桂芬　江蘇進士
品行修潔學問優長似可備講讀之選
刑部員外郎邵懿辰　浙江舉人

現充軍機章京器局安詳事理通達似可勝京堂之任

吏部尚書文慶保

翰林院編修趙昀　安徽進士

品重才長器識遠到堪以道員用俟著有明效後可備屏藩疆寄之選

翰林院修撰孫毓溎　山東進士

品正才醇老成練達堪勝司道之任

翰林院編修呂佺孫　江蘇進士

品端學粹才具明通本係京察　記名人員堪以道府用

翰林院編修邊浴禮　直隸進士

品正才長器宇沈厚內而京卿外而司道均堪勝任

吏部郎中竇垿　雲南進士

守潔才優辦事通達本係京察　記名人員堪以道府用足備異日屏藩之選

禮部尚書孫玠保

禮部郎中瑞璪蒙古進士
平正通達久諳部務司員中之資深品正者

禮部主事齡椿蒙古進士
老練精實在部資深現總辦祠祭司事才識超羣久而愈悉洵爲司官中出色可靠之員

禮部候補主事陸希湜江蘇進士
居官端謹辦事平允周詳悃愊無華實心實力

翰林院編修劉崐雲南進士
學問優長才具敏贍以理繁劇可期辦理裕如

翰林院檢討杜翰山東進士
端正安協明允安詳居官辦事結實可靠現出湖北學差可備任滿回京時之用

翰林院金鶴清浙江進士
文學優裕質地安詳人亦澹定無求洵為
才品俱佳之士
戶部右侍郎朱鳳標保
戶部郎中趙霖江蘇進士
貴州司主稿　京察一等該員廉潔自持
才識練達臣前年往山東查辦鹽務派令
隨同辦事該員釐剔認真事事核實實屬
為守兼優之員可否量材
簡用
禮部　侍郎曾國藩保
刑部郎中吳廷棟安徽拔貢
不欺屋漏才能幹濟遠識深謀可當大任
通政司副使王慶雲福建進士
閎才精識腳腳踏實可膺疆圉之寄

刑部尚書陳孚恩保
刑部郎中鄭敦謹 湖南進士
持躬端謹辦事認真刑律精研澄心靜細雖外示和易而讞獄嚴明
不肯畧近姑息屢次出差審案歷練老成堪膺府道之選
刑部員外郎文熙 滿洲進士
潔己奉公聽斷明決有發奸摘伏之才二十八年平反一案俾正兇不至漏
網以之理煩治劇游刃有餘上年保舉 京察一等堪勝府道之用
一品銜署禮部左侍郎何 保
禮部郎中袁甲三 河南進士
才優識卓器量深醇在軍機章京上行走有年極能慎密深知體要請
旨量材錄用內擢京堂外升道府均堪勝任
禮部員外郎恩成 蒙古廕生
歷練老成有才有識人品敦篤悃愊無華上年 京察 記名俟蒙
恩外擢道府定能振拔有為不染習氣洵為結實可靠之員本年四月
二十四日奉
旨補授四川成都府遺缺知府
戶部左侍郎季 保

戶部員外郎鍾秀 滿洲人
上年隨臣出差東南兩河及浙江清查辦理
諸務又隨同祁 出差甘肅該員守潔才長
妥詳練達現掌陝西司印辦理裕如人亦結實可靠

戶部主事蔡賡颺 浙江進士
前在御史任内署查庫御史僅止數日以公
過牽連革職旋蒙
特用六部主事該員學問優長素行端潔曾任山西學政
聲名頗著現在廣西司正主稿實心辦公恬然
任遇洵屬體用兼備内外皆可稱職

吏部候補主事薛鳴臯 山西進士
該員悃愊無華刻苦自勵清操卓越衆所
共知在吏部十餘年將屆補缺現幫大選
司掌印於公事剖析精當守正不阿其人
品學術足以鎮式浮靡風厲廉隅

都察院左都御史王廣蔭保
京畿道監察御史恩符 滿洲人

居官端正辦理控案詳慎精細

工科掌印給事中王東槐 山東進士

忠鯁敢言守正不阿

兵科給事中林揚祖 福建進士

辦事認真小心謹飭

內閣侍讀學士琦昌 蒙古進士

才識俱優老成諳練

工部尚書杜受田保

工部郎中汪潤 湖北進士

居心公正屢派差使均能盡心經理不避勞怨實為結實可靠之員

工部員外郎戚維禮 甘肅進士

悃愊無華有為有守在部十餘年辦理公事實力實心若方面監司

表率僚屬可以勝任

清單　大學士部院大臣保舉部院外任及在籍各官名單
道光三十年四月二十八日

戶部主事蔡賡颺　浙江進士
通達政體明幹有為曾任內閣侍讀學士因御史任內署查銀庫
七日於庫丁舞弊未能叅奏降授主事臣任戶部侍郎時見其孜孜十卄
公毫無厭倦其器量有過人者

刑部尚書阿勒清阿保

刑部郎中伊霖　滿洲舉人
人本樸實敦行友愛講讀律例任事實心

刑部郎中鄭敦謹　湖南進士
刑律明通操守嚴峻現充漢提調辦事均能妥善洵屬出色之員

刑刑部侍郎周祖培保

刑部郎中吳廷棟　安徽拔貢
品
人心純正悃愊無華居心辦事忠厚而不迂疎通達而不阿附可稱
有體有用

刑部郎中文煜　滿洲筆帖式

才具開展辦事精明於派審案件均能措理裕如上年　京察
一等
兵部右侍郎趙光保
前任翰林院侍講龍啟瑞　廣西進士
品端學富才敏識超堪勝京卿之任在湖北學政任丁憂回籍
翰林院編修吳福年　浙江進士
現任陝甘學政持躬端謹學識兼長堪勝講讀之任
兵部尚書柏葰
戶部郎中甘熙　江蘇進士
由即用知縣議分廣西改捐郎中現充雲南司主稿學識明通政勤守潔
兼曉堪輿克承家學
內務府堂郎中曾維　內務府人
才具開展器識練達前任戶部銀庫司員鉤稽詳慎力除陋習現坐
辦堂郎中趨公勤奮去冬以來勷辦一切諸臻妥協本年四月初十日奉
旨放粵海關監督

遵
旨保舉外任及在籍各官名单
大學士穆彰阿保
江蘇按察使聯英 滿洲 廕生
操守廉潔辦事精詳前在山東運司任內未久據山東撫臣奏稱鹽
務大有起色該員才具已可概見請
旨派令隨同兩江督臣揔辦鹽務俟著有成效再請
施恩三月十三日奉
旨署兩淮鹽運使
協辦大學士戶部尚書祁寯藻保
告養在籍翰林院修撰劉繹 江西進士
前在 南書房行走日常與之共事朝夕相處見其孝行敦篤毫無雕
飾人品學問醇正不偏又復留心經濟通達治体嗣因養親告假回籍該員
器識不凡似可大受即置之
講筵侍從亦足矜式儒林請
敕下江西巡撫查明現在如無事故飭令來京供職

清單　大學士部院大臣保舉部院外任及在籍各官名單
道光三十年四月二十八日

大學士潘世恩保
告病在籍前任雲貴總督林則徐 福建進士
歷任封疆有体有用所居民樂所去民思現因病旋里請
旨徵召來京以備
簡用
告病在籍前任福建臺灣道降補四川蓬州知州姚瑩 安徽進士
潔已愛民深曉治体於海疆情形尤為熟悉現因病旋里請
旨徵召來京以備
簡用 本年四月初四日據陸建瀛奏稱該員熟習鹽務現已病痊奉
旨飭令速赴兩淮聽候差委
吏部尚書文慶保
丁憂回籍前任刑科給事中蘇廷魁 廣東進士
由編修歷官給事中癸卯二月因天象示異正值英夷滋擾之後曾上疏直諫得
旨嘉納嗣因丁憂回籍其人才德兼全風節清峻宜居卿貳之班以備贊襄之用忠言
讜論必有可觀現在該省書院訓課應請
旨飭令來京供職
直隸宣化府知府覺羅炳綱 滿洲監生

由吏部文選司掌印員外郎京察記名
補放今職操守廉潔性情耿介才具亦結
實可靠宜居司道之任

禮部尚書孫瑞珍保

告病在籍前任兵部侍郎戴熙 浙江進士
由翰林在南書房行走再任廣東學差
洊升侍郎上年夏間因病奏請開缺奉
旨以三品頂帶休致回籍該員品學優長性情亦
耿介恬澹前官樞部勤慎趨公現在年未
五旬尚可為國宣力惟係休致之員臣
未敢擅議至其人果否可用自在
聖明洞鑒之中

戶部右侍郎朱鳳標保

降調回籍前任工科給事中陳慶鏞 福建進士
由庶吉士改官部屬升任御史轉給事中
因公降調以六品京職候補現在回籍該
員賦性廉介植學深醇前在諫垣鯁直敢
言蹇蹇諤諤有諍臣風若置之言路必能

有所建白請
飭下該省督撫諭令來京以備
簡用

禮部右侍郎曾國藩保
江蘇淮揚道嚴正基　湖南副榜
洞悉各省民隐才能濟變其父嚴如熤曾
任按察使實績載　國史循吏傳該員實能繼美
浙江秀水縣知縣江忠源　湖南舉人
忠義耿耿愛民如子前年新寧賊匪滋事該員練兵平定大
吏保舉擢為知縣
降調回籍前任太常寺少卿李棠階　河南進士
在廣東學政任内因案降調歸家囊橐蕭然品學純粹可備　講幄之選
刑部尚書陳孚恩保
湖北候補知縣前任巴東縣知縣饒拱辰　江西進士
品行純粹廉潔自持前宰巴東循聲卓著該員早年家貧劬學上窺濂洛
關閩之奥以康濟為懷著述經義歸于有用出仕後屢見施行倘授以講
讀之任必能推闡經義發為鴻文纂輯講章足資提討即升授外任亦必卓有
表見續著循良

戶部左侍郎季芝昌保

應補知府前山東萊州府知府王湮雲 浙江舉人

由江蘇知縣保舉歷升山東知府因公降調旋即開復原官在部候選將近到班該員講求理學熟諳吏治服官兩省歷任繁劇之地深得民心本夙學為政術素無絲毫外官習氣實方面中有為有守之員

工部尚書杜受田保

告病在籍前任雲貴總督林則徐 福建進士

久任封疆威望素著所至之地盜靖民安實有經文緯武之才現因病奏請開缺其精力未衰仍堪大用

休致在籍前任漕運總督周天爵 山東進士

自縣令仕至總督歷任地方除暴安良具有成效尤長於武備現雖年逾七旬而精力甚健若畀以整飭營伍之任必能訓練士卒日有起色

吏部左侍郎侯桐保

江西糧道鄒鳴鶴 江蘇進士

歷任河南知縣洊升首府夙著廉能辦事切實

吏部左侍郎福濟保

甘肅甘涼道李恩慶 漢軍進士

由編修歷升今職操守廉潔辦事勤能學裕識優精明強幹以之整飭
地方實能形端表正察吏安民克副疆圻重任

直隸冀州直隸州知州陳稼生 江蘇舉人

由知縣游升今職守潔政勤品端學粹和平中正敏練精詳歷任循聲
素著實爲當今良吏

刑部尚書阿勒清阿保

廣東惠潮嘉道張春育 直隸進士

才敏識卓守潔行端律例精熟器局亦大堪勝重任

直隸通永道譚廷襄 浙江進士

明幹精細律例嫻熟可稱有爲有守之員堪勝緐鉅

刑部左侍郎周祖培保

廣東廣州府知府易棠 湖南進士

持躬端謹精熟刑名曾隨帶當差江南等省隨時審察知其
猷守兼優
奉天錦州府知府崇祥 滿洲生員
居心誠樸練達老成潔己奉公結實可靠
刑部右侍郎恒春保
山西解州直隸州知州陳景曾 福建拔貢
才情開展識見精明辦事實心清勤不刻
直隸通州糧運通判畢昌緒 山東舉人
樸素耿直辦事結實歷任均著循聲輿情感戴
陝西安康縣知縣陳僅 浙江舉人
悃愊無華辦事耽勞興利除弊不辭勞瘁
兵部尚書魏元烺保
陝西糧道陳景亮 福建舉人

在部二十餘年有守有為結實可靠而於坐糧廳任內尤能先事籌畫措置裕如洵屬才識兼優勇於任事之員

甘肅甘涼道李恩慶　漢軍進士

由給事中補授今職才華內斂不露圭稜而遇事敢言辦事亦極詳審聞其未到任即署臬篆頗有聲稱

貴州大定府知府黃宅中　山西進士

該員前官福州府海防同知奉委驅逐嘆船深知體要侃侃而談夷匪震慴觀其外貌恂恂一書生而於委辦重大事件頗有膽畧聞其現在黔省清訟獄嚴緝捕敦風化勸農桑一如官福建時始終不懈

告病在籍前任福建臺灣道降補四川蓬州知州姚瑩　安徽進士

有幹濟才有真識見於治體獨見其大初蒞臺灣道任稔知臺民浮動督屬查辦更於清莊聯甲之中為收用游民之法嗣值海氛不靖臺匪乘時竊發該員密運機謀能使內患外侮一鼓盪平其謀慮深沉知識遠大堪膺重寄現在告病家居可否請
旨飭其來京以備
簡用

四川劍州知州魏煜　直隸舉人

該員潔己愛民前在巴州時即有政聲又以劍陽多曠土導民栽植種桑不遺餘力是真能求循吏之實在現雖年逾六旬而精力足可有為

清單 大學士部院大臣保舉部院外任及在籍各官名單
道光三十年四月二十八日

兵部右侍郎趙光保
江西糧道鄒鳴鶴 江蘇進士
前任河南知縣歷著循聲嗣任開封府任適值河決籌策保城勞績卓著其端
謹老成體用兼備堪勝疆寄之任
陝西糧道陳景亮 福建舉人
前在兵部二十餘年現任糧道為守兼優才情練達堪勝藩臬之任
五月十九日
左都御史花沙納保
前任西寧辦事大臣達洪阿 鑲黃旗滿洲人
久歷戎行實心講武軍士畏服可稱將才

上諭　著劉韻珂等傳旨飭令林則徐迅速北上聽候簡用

軍機大臣　字寄

閩浙總督劉　福建巡撫徐　道光三十年五

月初三日奉

上諭前任雲貴總督林則徐經大學士潘世恩等先

後保奏已有旨令劉韻珂等查明該員是否在籍

能否來京該督等務即傳旨飭令該員迅速北上

聽候簡用毋稍延緩如病體實未復元諭令上緊迅速

調理一俟痊愈即行來京將此諭令知之欽此遵

旨寄信前来

給事中曹履泰奏片

請飭令林則徐趕緊來京協辦夷務專辦直隸水利

再

臣曹履泰片

奏再查粤東夷務林則徐之所以徐徐之而臣志趣既因功業堪舉

皆為英夷所敬畏今日天津通商一事前此之故智也

其藏林則徐之假回籍今春取道江西養疾使姑白英夷

祇核不化各諳

可飭下江西撫臣速令林則徐趕緊來京候

陛見即令其協辦夷務恢復宋朝中國復相司馬之意精

神尚未復之前可蒙奇妙中自遷回籍臣知英夷必望風

而靡彼倆患無所施而永全

宸衷所寧采抑臣又有請者道光十九年十二月奉

上諭林則徐奏議籌務四條內天津等府可依照田之地興辦水利

兼著其查明原奏意不雖發情形如果可行實為足國裕

民之良計如當前此大臣安辦經理勿存畏難之心僅以一奏

給事中曹履泰奏片　請飭令林則徐趕緊來京協辦夷務專辦直隸水利

道光三十年五月初三日

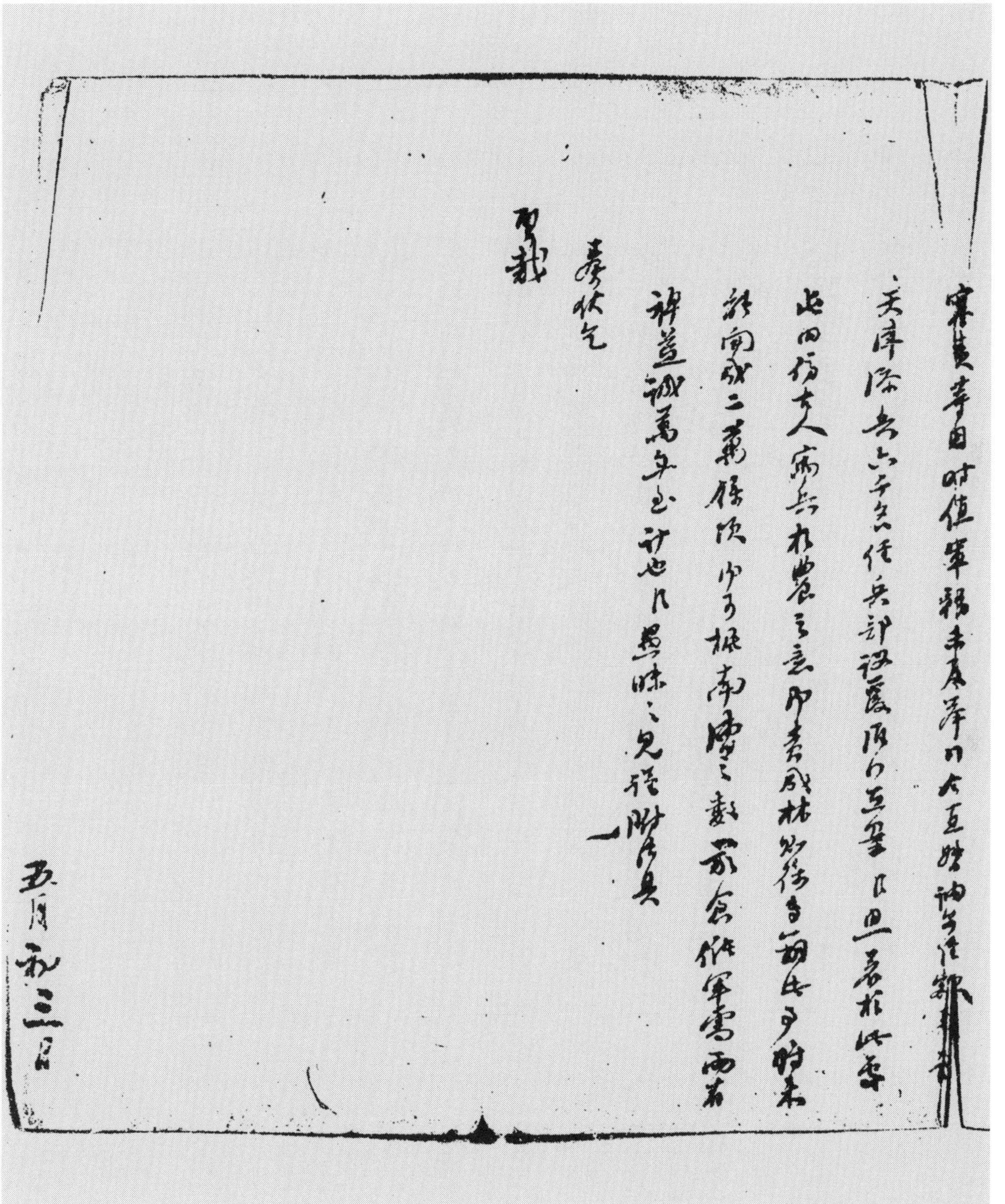

神益誠萬年之計也凡愚昧之見謹附片具

奏伏乞

聖裁

五月初三日

上諭　著各該督撫傳旨飭令所保林則徐等員迅速來京候簡

道光三十年五月初七日内閣奉
上諭此次大學士潘世恩禮部尚書孫瑞珍工部尚書杜受田同保之告病前任雲貴總督林則徐協辦大學士戶部尚書祁寯藻保舉之告養翰林院修撰劉繹吏部尚書文慶保舉丁憂回籍之前任刑科給事中蘇廷魁工部尚書杜受田保舉之休致前任漕運總督周天爵禮部尚書孫瑞珍保舉之休致前任兵部侍郎戴熙戶部右侍郎朱鳳標保舉之降調前任工科給事中陳慶鏞禮部右侍郎曾國藩保舉之降調前任太常寺少卿李棠階均著各該督撫傳旨飭令各該員迅速來京聽候簡用該員等抵京後除應行具摺人員外其餘具

呈吏部代奏候旨至大學士潘世恩與兵部尚書
魏元烺同保之前任福建臺灣道降補四川蓬州
知州姚瑩著仍遵前旨赴兩淮差遣俟鹺務辦有
起色即行送部引見欽此

三〇

福建巡撫徐繼畬奏片　**傳旨飭令林則徐進京候簡該員痁氣未痊一俟痊愈即行進京**

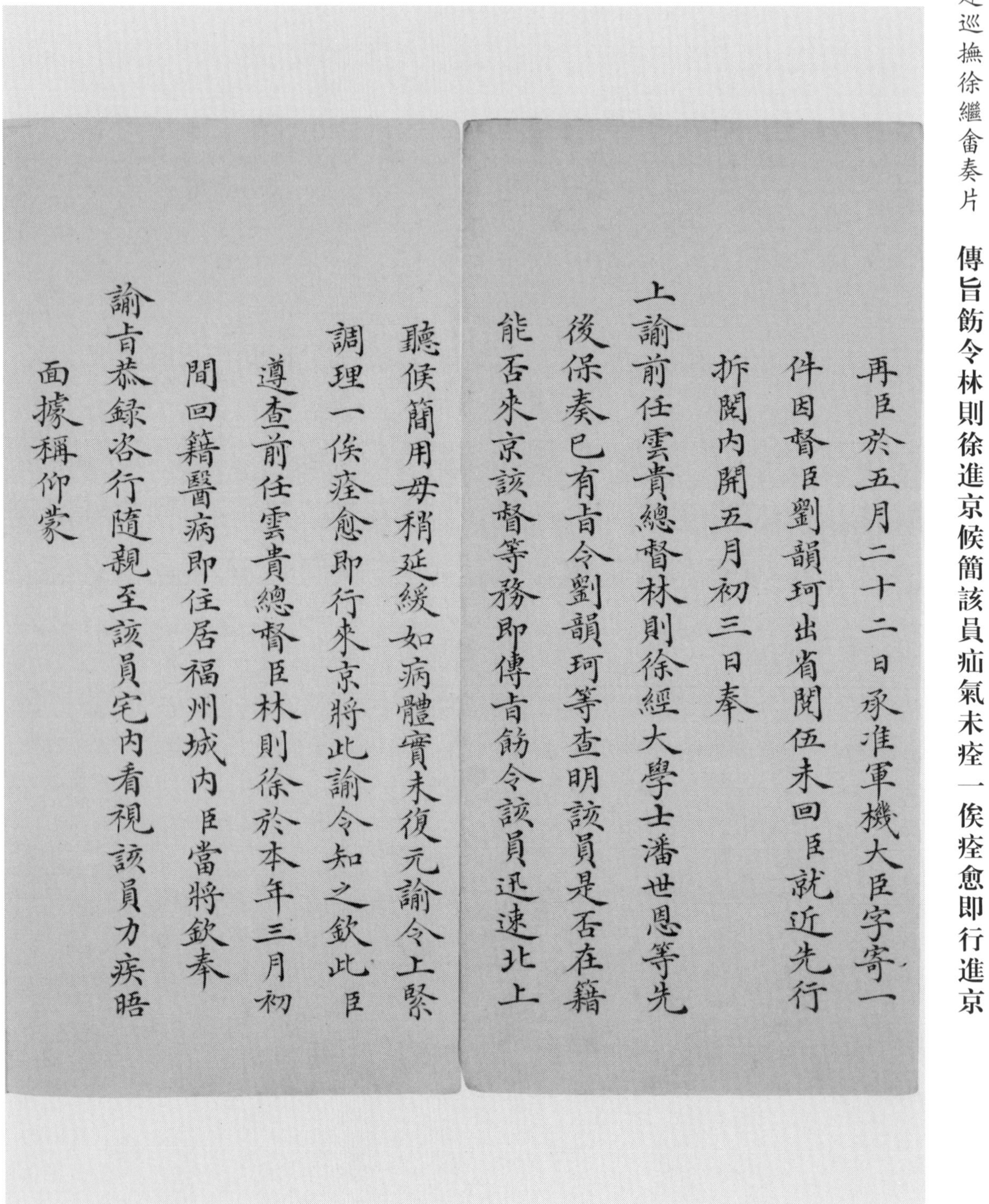

再臣於五月二十二日承准軍機大臣字寄一
件因督臣劉韻珂出省閱伍未回臣就近先行
拆閱内開五月初三日奉
上諭前任雲貴總督林則徐經大學士潘世恩等先
後保奏已有旨令劉韻珂等查明該員是否在籍
能否來京該督等務即傳旨飭令該員迅速北上
聽候簡用毋稍延緩如病體實未復元諭令上緊
調理一俟痊愈即行來京將此諭令知之欽此臣
遵查前任雲貴總督臣林則徐於本年三月初
間回籍醫病即住居福州城内臣當將欽奉
諭旨恭録咨行隨親至該員宅内看視該員力疾晤
面據稱仰蒙

福建巡撫徐繼畬奏片　傳旨飭令林則徐進京候簡該員疝氣未痊一俟痊愈即行進京

道光三十年五月二十八日

恩旨宣召亟思馳赴
闕廷求
賞差使惟所患喘嗽脾泄各症雖已漸痊而疝氣之
症總未痊可畧經勞頓立即舉發醫家謂之奔
豚此氣一經下注兩腿疼脹異常不特不能拜
跪甚至偃臥牀榻不能起立現在遍覓良醫上
緊調治一俟稍可支持立即束裝就道斷不敢
稍躭安逸自外
生成等語並據遣丁呈請代
奏前來臣查該員林則徐面貌雖形減瘦言語精
神尚覺健爽惟所稱疝氣未痊委係實情臣當
諄囑該員上緊調理一俟痊愈即行遵

福建巡撫徐繼畬奏片　傳旨飭令林則徐進京候簡該員疝氣未痊一俟痊愈即行進京
道光三十年五月二十八日

旨進京切勿延緩至前奉
上諭查明林則徐陳慶鏞能否來京候簡之處係督
臣劉韻珂於閱兵途次接奉現經恭録轉咨到
臣查陳慶鏞住居泉州督臣閱兵路經泉州可
以就近查詢除俟督臣回省另行覆
奏外所有傳
旨飭諭緣由合先附片陳明伏乞
聖鑒謹
奏

知道了

欽差大臣林則徐奏摺

遵旨由籍馳赴廣西力疾起程日期

三〇 欽差大臣林則徐奏摺 遵旨由籍馳赴廣西力疾起程日期
道光三十年九月二十九日

臣林則徐跪
奏為遵
旨由籍馳赴廣西恭報力疾起程日期叩謝
天恩恭求
聖訓事竊臣在福建省城本籍因舊病未痊正在趕
緊醫治茲於九月二十八日承准軍機處封咨
內開道光三十年九月十三日內閣奉
上諭廣西各屬盜匪充斥先經竄擾修仁荔浦兩縣
其另股匪徒復又闌入遷江縣城各地方被其蹂
躪民不聊生朕甚憫焉業經降旨令徐廣縉帶兵
馳赴廣西迅籌勦辦惟廣東亦有游匪倘令該督
久駐粵西恐有顧此失彼之虞朕睠懷南服民生

一日不安朕心一日不釋前任雲貴總督林則徐
先經疊次宣召尚未來京著即作為欽差大臣頒
給關防馳驛迅赴廣西會同鄭祖琛向榮張必祿
督率藩司勞崇光悉心勦撫徐廣縉俟林則徐到
後會籌周妥再回廣東專辦該省游匪林則徐受
皇考簡任重恩前在雲南辦理漢回軍務迅速蕆事朕
所夙知著即星馳就道蕩平羣醜綏靖巖疆毋違
朕命欽此臣跪讀之下仰見我
皇上籌戎決策戢暴安良猥以臣之衰庸猶荷
俯加委任既感深而思奮尤悚切以彌兢伏念臣先
於本年夏間渥被
恩綸宣名亟欲勉圖北上瞻覲

天顏乃因氣墜難支行動均形疼脹不得已仍在本
籍醫治以冀及早就痊雖經呈請閩省督撫臣
據情代
奏而下忱焦灼與日俱深數月以來服藥不下百
餘劑近時疼脹之疾幸覺稍輕據醫者云應將
提氣扶元之藥再服月餘纔可放心就道臣竊
擬冬間當能北上茲奉
諭旨始知廣西各屬有亟應勦辦之匪徒徐廣縉又
須兼顧廣東未便於粵西久駐特蒙
恩綍給臣以
欽差大臣關防令即馳往接辦當此軍務緊要臣但
能稍離枕席即不敢藉病遷延惟有矢敵愾之

夙誠冀以答
綏邊之至計現即剋日束裝並早晚益勤服藥定於
十月初二日由福州本籍力疾起身第念臣一
介菲材未嫻軍旅既謬膺夫重任惟仰禀夫
神謨且本思叩謁
橋山就瞻
殿陛使下懷稍申依戀而軍務亦獲遵循茲已明奉
温綸徑令迅赴粤西自不敢進京請
訓查福建至廣西驛路應由閩南之泉漳粤東之肇
慶前往較為直捷臣先以卧病在籍於粤匪如
何滋擾未悉情形惟當沿路訪查星馳到彼一
面悉心會辦一面據實奏

聞伏求
皇上指授機宜俾得恪遵辦理務使幺魔小醜速就
蕩平以仰副
聖主綏靖巖疆至意除俟關防到日敬謹接受另報
外所有微臣感悚下忱並力疾起程日期謹繕摺
由驛具
奏恭謝
天恩伏乞
皇上聖鑒訓示謹
奏

另有旨

欽差大臣林則徐奏摺 遵旨由籍馳赴廣西力疾起程日期
道光三十年九月二十九日

道光三十年九月二十九日

福建道監察御史富興阿奏摺　請迅發廷寄催令林則徐作速任事並軍營摺報俱用清文

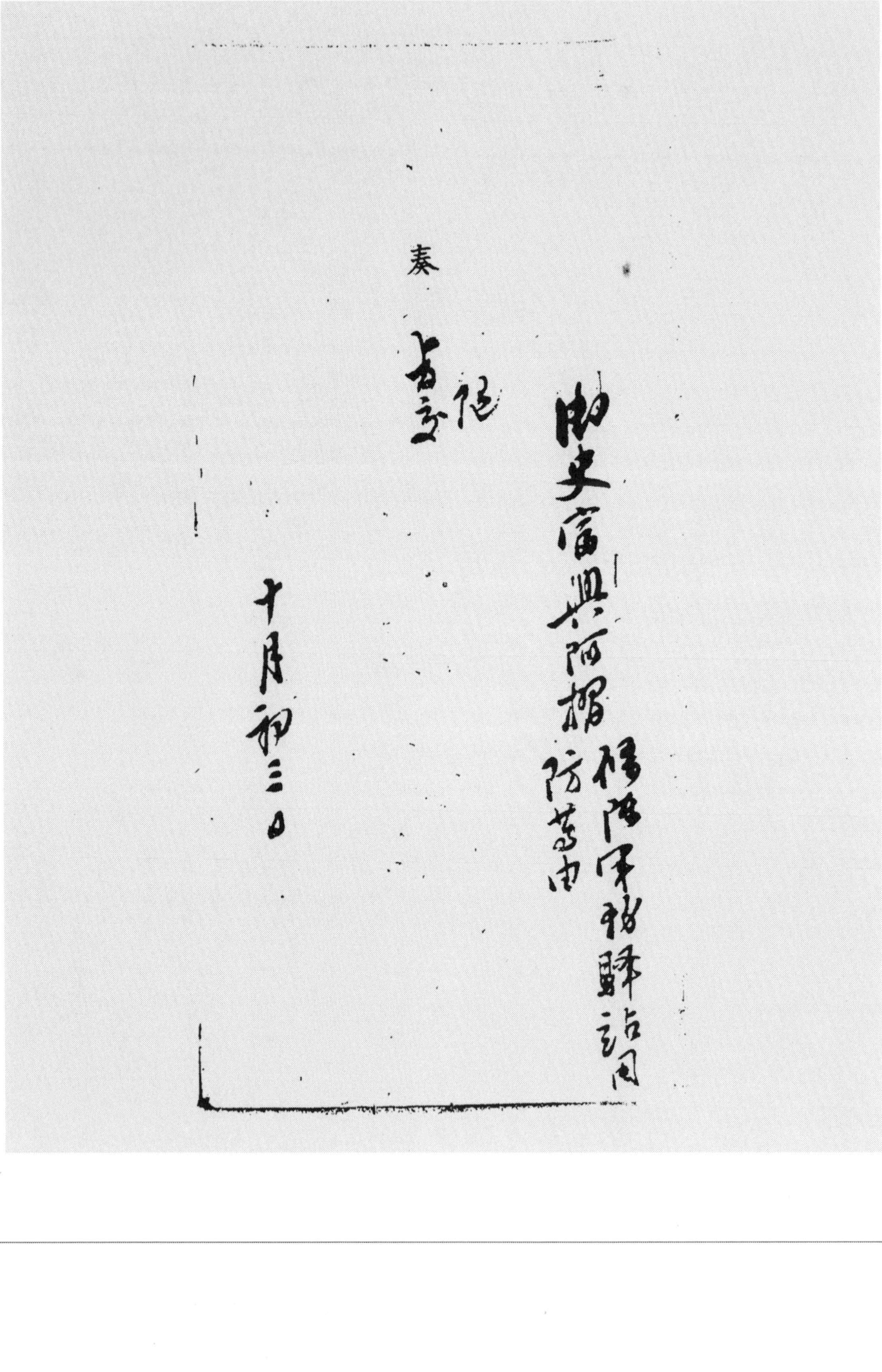

福建道監察御史富興阿奏摺 請迅發廷寄催令林則徐作速任事並軍營摺報俱用清文 道光三十年十月初三日

掌福建道監察御史奴才富興阿謹
奏為請
旨事竊奴才風聞得廣西省莠民敢作不靖實繁有徒凡刦
掠一處將所掠財物散給貧乏之人其心甚為叵測
該逆匪復東西竄逸我兵不能聚而殲旃以致逆燄
弛張其詭秘情形猶堪髮指前恭閱
上諭命林則徐督兵勦除林則徐曾歷行陣忠正慈祥機
宜曉暢今蒙我
皇上任用厚恩自必感奮思効迅奏膚功然聞得林則徐
兩腿不能步履衰病日增恐其心雖欲竭力報効而
其病不能自由此乃傳聞之言仰懇
天恩迅發

福建道監察御史富興阿奏摺　請迅發廷寄催令林則徐作速任事並軍營摺報俱用清文

道光三十年十月初三日

廷寄催令林則徐作速任事恐林則徐乞病摺陳往返需時至悞事機再道光二十一二年間廣東等省軍營摺報經過沿途驛站或有磨損或有拆看情形均經奏查有案並聞得軍營摺報漢奸俱先得信息今雖時異事殊然不可不防其漸恭查乾隆年間軍營摺報俱用清文實為良法奴才愚昧之見可否請

旨揀派曾歷行陣及宿將子孫之滿蒙大員一二員為副隨帶通曉清文之員前往凡軍營摺報俱用清文以符舊例內而軍機大臣亦揀派滿蒙軍機章京二三員專書軍營摺奏譯漢恭奉

上諭並

廷寄事件如此周防似此小醜自必易於勦除矣奴才職

任言官既有見聞不敢不奏達
天聽是否有當伏祈
皇上
聖鑒謹
奏

道光三十年十月　初三　日

欽差大臣林則徐奏摺 馳赴廣西軍營途次忽得重病情形
道光三十年十月十九日

欽差大臣林則徐奏摺 **馳赴廣西軍營途次忽得重病情形**

奏
林則徐摺 患病情形由
十一月十三日

欽差大臣林則徐奏摺　馳赴廣西軍營途次忽得重病情形
道光三十年十月十九日

臣林則徐跪
奏為臣馳赴廣西軍營本係兼程前進茲於途次
忽得重病謹將情形據實奏
聞事竊臣奉
命馳赴粵西剿辦軍務蒙將
欽差大臣關防頒發到閩遵於十月初二日祗領開
用即於是日由本籍福建侯官縣起程原以軍
務緊急星馳前往查由福建省城至廣東潮州
府城計十六站臣已於十二日連程趕到本期
接續前進不數日便抵廣東省會詎知行過潮
州府城臣吐瀉大作力疲不能兼程氣弱不能
轉動再經輿中顛簸三日内尚不能行至兩站

雖經趕緊延醫調治而鄉僻土醫大都以意為
治急求速效而奏效愈遲現行至普寧縣地方
除分弁馳赴廣州惠州延覓良醫調治以冀稍
為差愈仍力疾兼程前進並分咨東西兩省各
督撫臣外所有微臣途次患病情形謹繕摺由驛
據實奏
聞伏乞
皇上聖鑒謹
奏

欽差大臣林則徐奏摺 馳赴廣西軍營途次忽得重病情形

道光三十年十月十九日

道光三十年十月 十九 日

欽差大臣林則徐奏摺 **病危難起將欽差大臣關防謹封恭繳**

奏

欽差大臣林則徐奏摺　病危難起將欽差大臣關防謹封恭繳
道光三十年十月十九日

臣林則徐跪
奏為臣拜發因病請暫醫調摺後遽覺心神昏散
自知萬難就痊伏枕叩謝
天恩仰祈
聖鑒事竊臣奉
命馳赴粵西勦辦軍務於十月初二日由福建本籍
就道晝夜兼程十三日馳至廣東潮州府城忽
患重病吐瀉交作時以軍務孔亟力雖疲乏不
敢稍休而連日探聞賊匪滋擾情形心加憤急
又於途次接准督臣徐廣縉來咨臣因即就近
調集兵勇正擬親帶勦辦一面趕緊服藥仍力
疾馳至普寧縣城迨十八日病益加增勢難趕

欽差大臣林則徐奏摺 病危難起將欽差大臣關防謹封恭繳
道光三十年十月十九日

竊當將請暫醫調緣由恭摺由驛奏
聞在案尚冀或能漸愈仍當趲赴軍營詎知拜摺後
困憊愈深昏暈難起元氣大損痰喘不休據醫
者云積久虛勞心脉已散百藥罔效自料萬無
生機伏枕望
闕碰頭悲號欲絕伏念臣筮仕四十年歷官十四
省仰荷
三朝知遇受
恩深重報稱毫無惟此盡心竭力之愚誠永矢畢生雖
一息僅存自問不敢稍懈前者渥蒙
宣宗成皇帝恩隆覆幬終始成全此次更蒙
皇上特遣視師謬膺重任既感深而思奮尤敵愾以

心殷方將剋日遄征誓掃鯨鯢而復
命豈料半途遂廢難延犬馬之生未効一矢之勞
實切九原之憾上負
聖恩委任祇期圖報於來生自知痼疾膏肓愈覺哀
鳴於垂盡惟念兩粵進兵各處臣未及躬往督
勦但期將士一心戰守並用能堅壁而清野終
掃穴而擒渠自必仰稟
宸謨上紓
宵旰則臣雖死之日猶生之年矣除將
欽差大臣關防敬謹封交地方官賚送兩廣督臣恭
繳外所有臣徵奉差途次疾亟悲感下忱手搖顫
不能書帶臣次子生員林聰彝隨行謹口授令

其繕寫恭摺由督臣附便具
奏叩謝
天恩伏乞
皇上聖鑒臣不勝嗚咽迫切之至謹
奏

道光三十年十月 十九 日

福建巡撫徐繼畬奏摺　欽差大臣林則徐於廣東普寧縣病故

奏

道光三十年十月二十五日

三〇

福建巡撫徐繼畬奏摺　欽差大臣林則徐於廣東普寧縣病故
道光三十年十月二十五日

福建巡撫臣徐繼畬跪
奏為赴粵辦理軍務之
欽差大臣據報在途病逝恭摺由驛馳
奏仰祈
聖鑒事竊道光三十年十月二十五日據在籍翰林
院編修林汝舟遣丁呈稱職父林則徐前任雲
貴總督告病回籍調理於本年九月二十八日
接奉
諭旨飭令馳赴廣西剿辦賊匪惟時病尚未痊因軍
務緊要不敢遲延即於十月初二日力疾登程
星夜奔馳十二日行至詔安縣因沿途勞頓又
發脾泄舊症每日泄瀉至二十餘次猶勉强兼

程前進至廣東普寧縣途次因病體難以支持
不得已具摺請假旋於十月十九日辰刻病故
所奉
欽差大臣關防已交地方敬謹收貯現接家信理合
呈報等情臣查前任雲貴總督林則徐於本年
三月間回籍疊奉
諭旨宣召臣屢經面晤該員因疝氣調治未痊未能
東裝北上然忠誠報
國之志形於詞色九月二十八日奉到
諭旨赴粤西剿辦賊匪並
頒給
欽差大臣關防臣隨赴該大臣家中面晤據稱病本

福建巡撫徐繼畬奏摺　欽差大臣林則徐於廣東普寧縣病故

道光三十年十月二十五日

未痊現奉
命勅辦賊匪不敢不力疾從戎仰酬
高厚兼以遂生平馬革之志臣為之肅然起敬該大
臣隨於十月初二日啓行赴粵臣送至關外該
大臣雖帶病容而神色毅然深以賊勢散漫為
虞并云誓當設法兜裹剋期蕩平以紓
聖主南顧之憂乃行至中途遽爾病逝深堪憫惜該
大臣長子林汝舟係翰林院編修丁母憂服闋
患病在籍三子拱樞應童試在籍惟次子文生
員聰彝隨侍在途料理後事臣已飭沿途地方
官俟該大臣靈柩回籍時妥為照料所有廣西
省軍務緊要應請

福建巡撫徐繼畬奏摺　欽差大臣林則徐於廣東普寧縣病故
道光三十年十月二十五日

旨另簡大臣前往接辦該大臣林則徐在粵東境內
病故粵省自必
奏報惟普寧距廣東省城尚遠又聞粵省督撫臣
均已出省恐
奏報不無稍遲旣據該大臣家屬呈報到臣自應
由閩馳
奏以期迅速臣謹循例由四百里具
奏伏乞
皇上聖鑒謹
奏
另有旨

福建巡撫徐繼畬奏摺　欽差大臣林則徐於廣東普寧縣病故
道光三十年十月二十五日

道光三十年十月　二十五　日

上諭　罪穆彰阿耆英硃諭

硃筆罪穆彰阿耆英諭
任賢去邪誠人君之首務也去邪不斷則任賢不專
方今天下因循廢墮可謂極矣吏治日壞人心日澆
是朕之過然獻替可否匡朕不逮則二三大臣之職
也穆彰阿身任大學士受累朝知遇之恩不思其難
其慎同德同心乃保位貪榮妨賢病國小忠小信陰
柔以售其奸偽學偽才揣摩以逢主意從前夷務之
興穆彰阿傾排異己深堪痛恨如達洪阿姚瑩之盡
忠盡力有礙於已必欲陷之耆英之無恥喪良同惡
相濟盡力全之似此之固寵竊權者不可枚舉我
皇考大公至正惟知以誠心待人穆彰阿得以肆行無忌
若使

聖明早燭其奸則必立寘重典斷不姑容穆彰阿恃恩益
縱始終不悛自本年正月朕親政之初遇事模稜緘
口不言迨數月後則漸施其伎倆如暎夷船至天津
伊猶欲引耆英為腹心以遂其謀欲使天下羣黎復
遭荼毒其心陰險實不可問潘世恩等保林則徐則
伊屢言林則徐柔弱病軀不堪錄用及朕派林則徐
馳往粵西剿辦土匪穆彰阿又屢言林則徐未知能
去否偽言熒惑使朕不知外事其罪實在於此至
若耆英之自外生成畏葸無能殊堪詫異伊前在廣
東時惟抑民以奉夷罔顧國家如進城之說非明驗
乎上乖天道下逆人情幾至變生不測賴我
皇考炯悉其偽速令來京然不即予罷斥亦必有待也今

年耆英於召對時數言及㖈夷如何可畏如何必應
事周旋欺朕不知其奸欲常保祿位是其喪盡天良
愈辯愈彰直同狂吠尤不足惜穆彰阿暗而難知耆
英顯而易著然貽害國家厥罪維均若不立申國法
何以肅綱紀而正人心又何以使朕不負
皇考付託之重歟第念穆彰阿係三朝舊臣若一旦置寘之
重法朕心實有不忍著從寬革職永不敘用耆英雖
無能已極然究屬迫於時勢亦著從寬降為五品頂
戴以六部員外郎候補至伊二人行私罔上乃天下
所共見者朕不為已甚姑不深問辦理此事朕熟思
審處計之久矣實不得已之苦衷爾諸臣其共諒之
嗣後京外大小文武各官務當激發天良公忠體國

俾平素因循取巧之積習一旦悚然改悔毋畏難毋
苟安凡有益於國計民生諸大端者直陳勿隱毋得
仍顧師生之誼援引之恩守正不阿靖恭爾位朕實
有厚望焉布告中外咸使知朕意道光三十年十月
二十八日特諭

兩廣總督徐廣縉奏摺 欽差大臣林則徐在途因病出缺請另旨簡放重臣

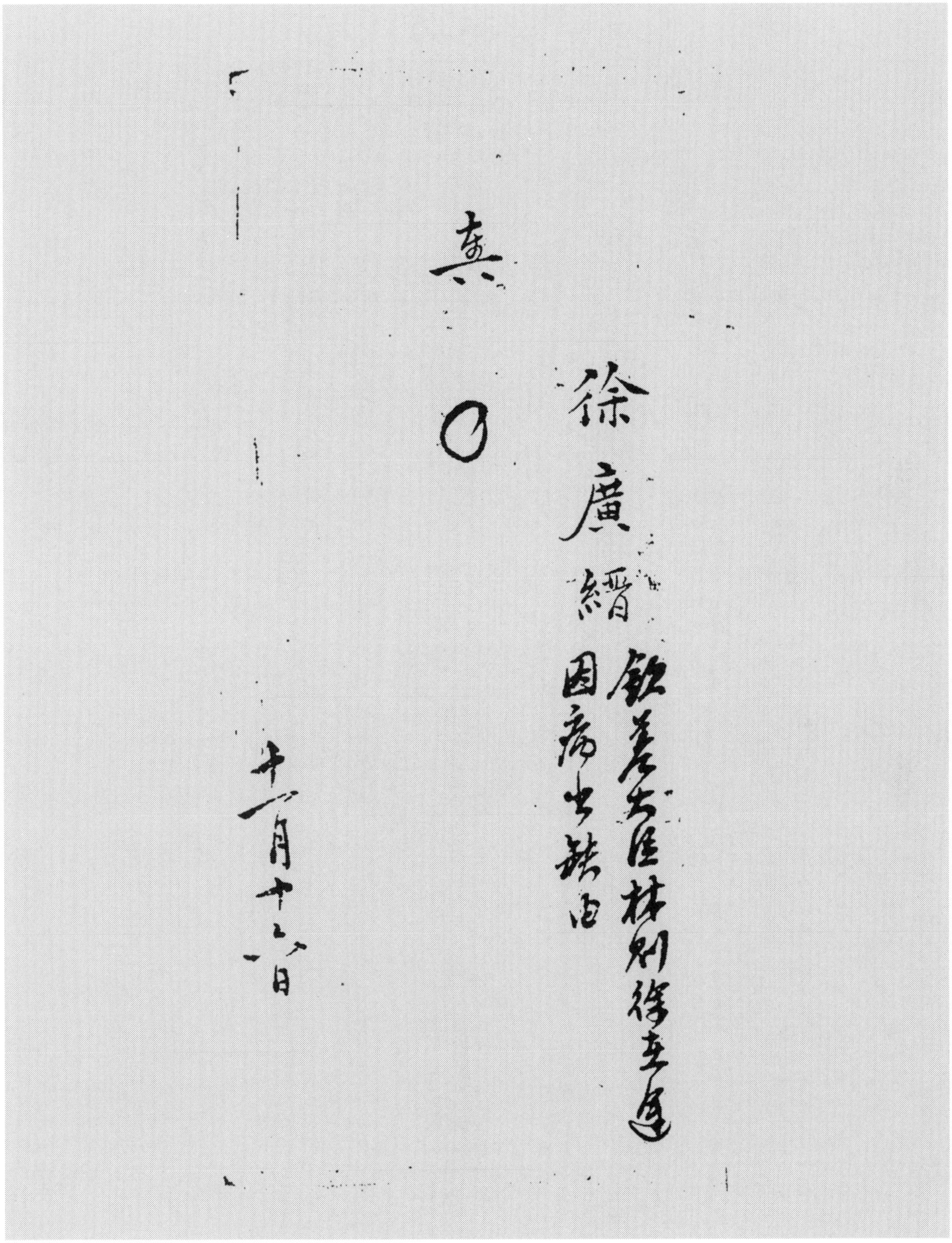
奏
徐廣縉
欽差大臣林則徐在途
因病出缺由
十一月十二日

兩廣總督徐廣縉奏摺 欽差大臣林則徐在途因病出缺請另旨簡放重臣

道光三十年十月二十七日

兩廣總督臣徐廣縉跪

奏為

欽差大臣在途次因病出缺恭摺由驛馳

奏仰祈

聖鑒事竊臣于十月二十四日接准

欽差大臣林則徐咨會該大臣在普寧縣途次患病延

醫調治現須暫緩前進等因即于二十五日由驛

馳

奏在案茲于二十六日接據潮州府知府劉潯稟

報該府因聞林則徐患病沉重于十八日親自

赶赴普寧督同該縣等妥為醫治不料服藥

罔效于十月十九日辰刻出缺所有遺摺一件及

欽差大臣閩防委員一并賫送前來臣查林則
　徐公忠素著奉
命馳赴廣西督剿土匪方冀展布壯猷膚功迅奏
　乃因趲程勞頓卧病數月遽爾溘逝痛悼殊
　深現惟該大臣次子林聰彝及家丁人等隨侍
　偕行皆已身故事宜業經潮州府知府劉潯等督
　同該縣妥為料理仍由臣委員護送回籍現在
　剿捕廣東英德等處盜匪已于翁源縣等地
　方大獲勝仗正在確查具
奏惟搜捕餘匪尚需時日臣仍未克分身而廣西
　軍務甚爲喫緊業經飛咨撫臣鄭祖琛提臣向
　榮前任提臣張必祿會督文武迅速進剿不得

兩廣總督徐廣縉奏摺　欽差大臣林則徐在途因病出缺請另旨簡放重臣

道光三十年十月二十七日

稍涉觀望有誤事机可否仰懇
鴻慈迅賜
簡放重臣前往廣西督剿恭候
聖裁除將送到關防謹敬寄回收貯俟委員恭
齎赴京呈繳以昭慎重外謹將
欽差大臣林則徐在途次病故出缺緣由理合恭摺
由驛馳
奏並將林則徐遺摺一件恭呈
御覽伏祈
皇上聖鑒訓示謹
奏

道光三十年十一月十七日奉

兩廣總督徐廣縉奏摺　欽差大臣林則徐在途因病出缺請另旨簡放重臣

道光三十年十月二十七日

硃批另有旨欽此

十月二十七日

兩廣總督徐廣縉咨呈　**遞送軍機處發交欽差大臣林則徐夾板公文各件**

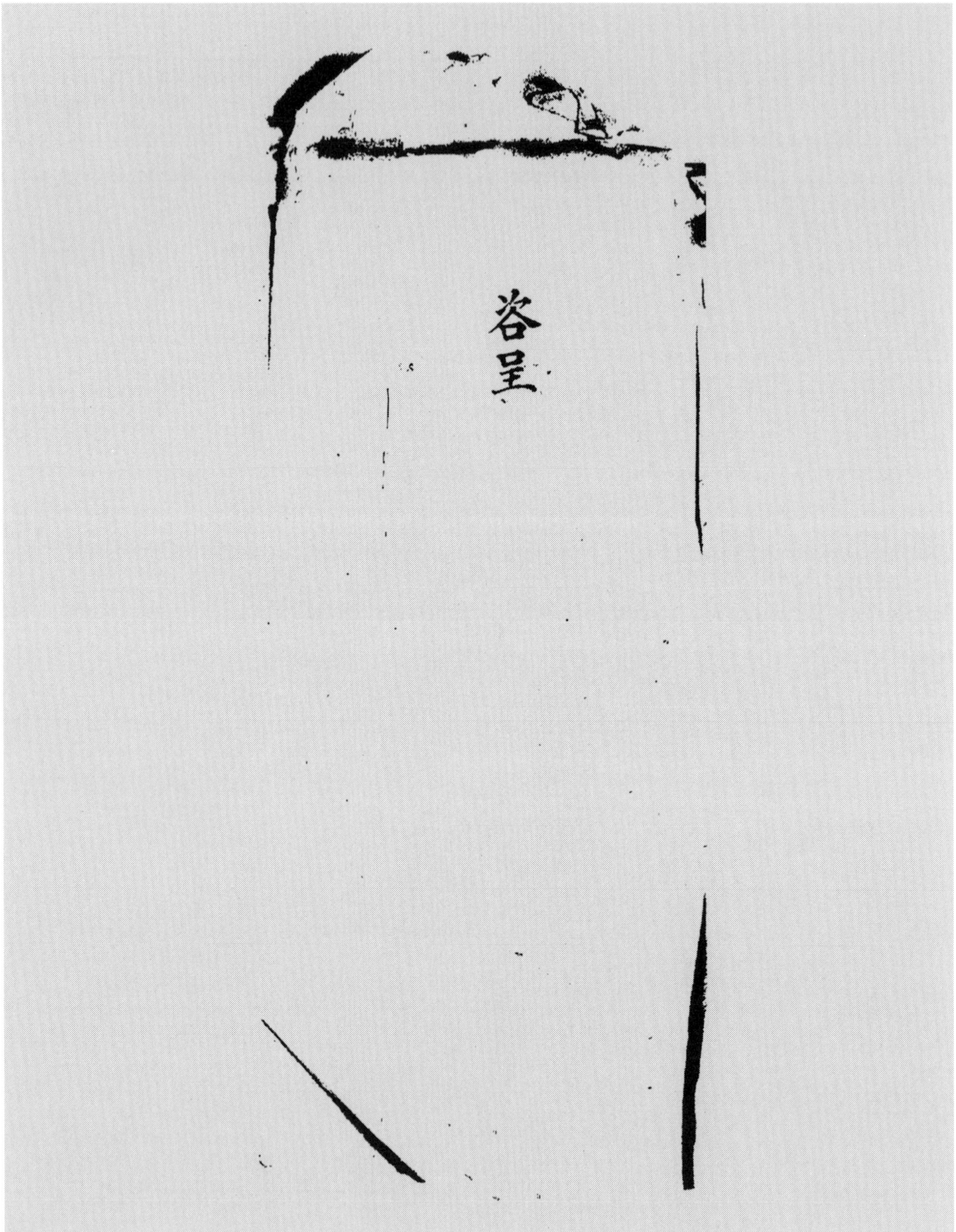
咨呈

兩廣總督徐廣縉咨呈 遞送軍機處發交欽差大臣林則徐夾板公文各件
道光三十年十一月初八日

兵部尚書兼都察院右副都御史總督兩廣等處地方軍務兼理糧餉鹽政[illegible]徐 為
咨送事竊照本爵部堂於道光三十年十一月
初三日據福建遞到
兵部火票一張遞送
軍機處發交
欽差大臣林 之夾公文一角前來查
欽差大臣林 已於十月十九日在普寧縣途次
病故係屬出缺在先所有遞到夾板公文各件
未便啟閱相應咨送為此咨呈
軍機處大人請煩察收辦理施行須至咨呈者

兩廣總督徐廣縉咨呈 遞送軍機處發交欽差大臣林則徐夾板公文各件 道光三十年十一月初八日

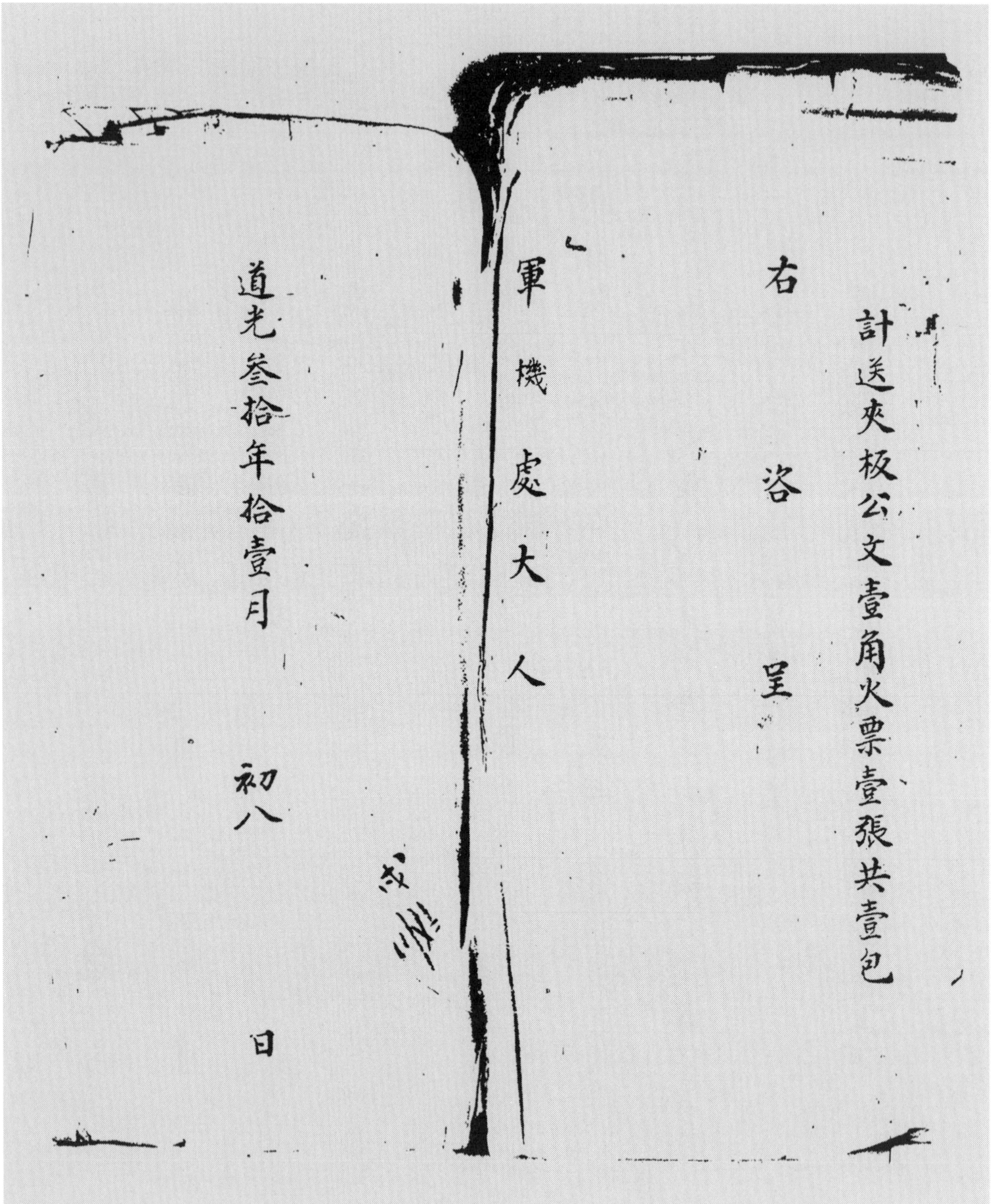
計送夾板公文壹角火票壹張共壹包

右 咨 呈

軍機處大人

道光叁拾年拾壹月 初八 日

禮部尚書惠豐等奏摺

前任雲貴總督林則徐病故其應否與謚請旨定奪

三〇 禮部尚書惠豐等奏摺 前任雲貴總督林則徐病故其應否與謚請旨定奪

道光三十年十一月二十七日

禮部尚書臣惠豐等謹
奏為請
旨事道光三十年十一月十二日奉
上諭前任雲貴總督林則徐由翰林洊歷外任疊蒙
皇考簡膺疆寄宣力有年上年剿辦雲南保山匪徒調
度有方渥荷
恩施賞加太子太保銜並賞戴花翎旋因病請假回籍
朕御極之初知林則徐平素辦事認真不避嫌怨
疊經降旨宣召來京嗣以廣西匪徒滋事特授為
欽差大臣頒給關防令其速赴軍營剿辦前據馳
奏已由本籍起程方冀迅掃邊氛以綏南服茲據
徐繼畬馳奏該大臣沿途勞頓舊疾復發於廣東

三〇

禮部尚書惠豐等奏摺 前任雲貴總督林則徐病故其應否與謚請旨定奪

道光三十年十一月二十七日

潮州途次遽爾溘逝念其力疾從戎歿於王事覽
奏殊深悼惜林則徐著加恩晉加太子太傅銜照
總督例賜卹任內一切處分悉予開復應得卹典
該衙門察例具奏伊子編修林汝舟文生林聰彝
文童林拱樞均著俟服闋後由吏部帶領引見候
朕施恩欽此欽遵抄出到部臣等查定例內開一
品官病故
恩予卹典者給與全葬銀五百兩一次致祭銀二十
五兩
遣官讀文致祭應否與謚請
旨定奪凡與謚者内閣撰擬謚號工部給碑價銀三
百五十兩本家自行建立祭文碑文交翰林院

禮部尚書惠豐等奏摺　前任雲貴總督林則徐病故其應否與謚請旨定奪

道光三十年十一月二十七日

撰擬不與謚者祭文交內閣撰擬等語今原任
雲貴總督林則徐病故欽奉
諭旨照總督例賜卹應照例給與全葬銀五百兩一
次致祭銀二十五兩
遣官讀文致祭祭文交該衙門撰擬其應否與謚之
處伏候
欽定恭俟
命下臣部行文各該衙門遵照辦理為此謹
奏請
旨

著與謚

禮部尚書惠豐等奏摺 前任雲貴總督林則徐病故其應否與謚請旨定奪

道光三十年十一月二十七日

道光三十年十一月二十七日

禮部尚書臣惠豐

尚書臣何汝霖

左侍郎臣聯順

左侍郎臣吳鍾駿 學差

署左侍郎臣孫葆元

右侍郎臣瑞麟 差

右侍郎臣曾國藩

兩廣總督徐廣縉奏摺 **委員賚送欽差大臣關防交李星沅祇領並籌辦廣東軍務情形**

徐廣縉

遵送欽差關防事由

奏

十二月十八日

兩廣總督徐廣縉跪
奏為遵
旨委員賫送
欽差大臣關防及現在籌辦廣東軍務情形恭摺覆
奏仰祈
聖鑒事竊臣於十一月二十六日承准軍机大臣字寄道
光三十年十一月十二日奉
上諭據徐繼畬馳奏林則徐遵旨前赴廣西在途病逝
已有旨命李星沅為欽差大臣頒給關防馳驛前
往廣西剿辦逆匪矣林則徐行至廣東普寧縣
病逝其欽差大臣關防並歷次所奉寄信諭旨各件
著徐廣縉派委妥員迅速賫送廣西交李星沅

祇領毋稍遲誤遺漏至廉州南韶等處剿捕事
務亦關緊要徐廣縉著仍遵前旨籌辦廣東軍
務以專責成將此由五百里諭令知之欽此查節次
准軍機大臣遞寄林則徐夾板公文已於十一月初
一初八十二等日先後咨送軍機處查收
恭繳在案所有
欽差大臣關防臣敬謹收存現在前任兩江總督臣李
星沅由湖南馳赴廣西程途較近計日將次可到
臣接奉
諭旨後立即派委文武委員將關防封固恭賫至廣
西交李星沅祇領開用至廣東南韶等處游匪
經屢獲勝仗之後匪勢已覺窮蹙現與撫臣

葉名琛仍嚴飭各文武防守要隘分路兜捦以
冀剋日殲除淨盡勿任竄逸貽患其廉州府屬
匪徒雖首匪方晚業經捕獲正法而餘匪亟應
剿除且該府屬地處處與廣西界址毗連現在西
省大兵雲集賊恐該匪等避銳東竄現已添
派兵勇約會廣西文武不分畛域合力搜剿以杜
勾結而免蔓延所有遵
旨委員齎送關防及籌辦廣東軍務情形理合恭
摺由驛覆
奏伏乞
皇上聖鑒訓示謹
奏

兩廣總督徐廣縉奏摺 委員賫送欽差大臣關防交李星沅祇領並籌辦廣東軍務情形
道光三十年十一月二十九日

道光三十年十二月十八日奉

硃批知道了欽此

十一月二十九日

大學士卓秉恬等奏摺 **謹擬林則徐謚號恭呈御覽欽定**

奏

大學士卓秉恬等奏摺　謹擬林則徐謚號恭呈御覽欽定
道光三十年十二月初五日

大學士臣卓秉恬等謹
奏為請
旨事准禮部文稱所有奏請
賜卹晉加太子太傅銜原任雲貴總督林則徐謚號
一摺奉
硃批著與謚欽此欽遵移交内閣撰擬等因臣等謹
擬清漢謚號字樣另繕清單恭呈
御覽伏候
欽定為此謹
奏

大學士卓秉恬等奏摺　謹擬林則徐謚號恭呈御覽欽定
道光三十年十二月初五日

道光三十年十二月初五日

大學士臣卓秉恬

臣祁寯藻

協辦大學士臣琦善陝甘總督

臣賽尚阿

臣杜受田

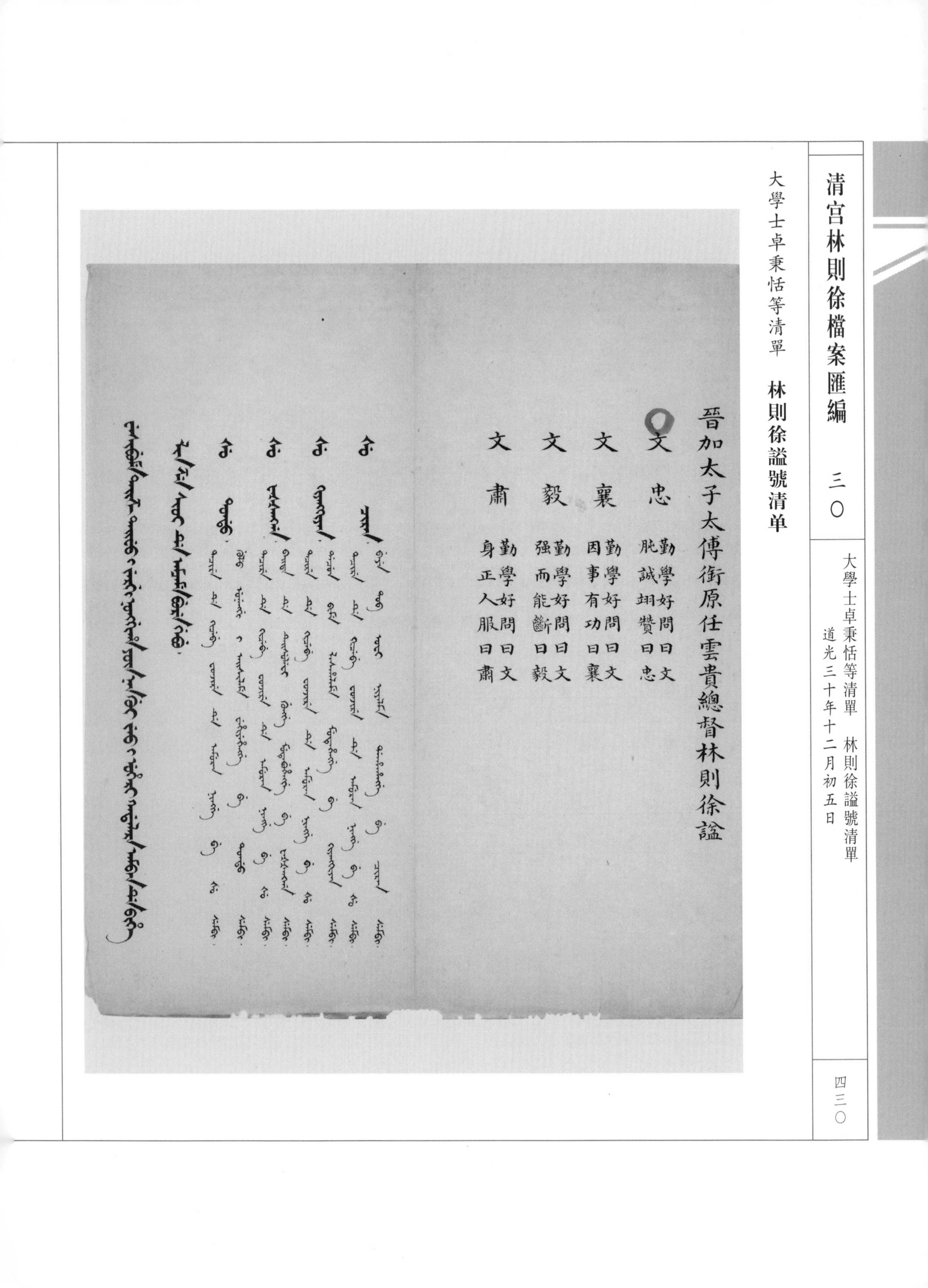

大學士卓秉恬等清單　林則徐謚號清單
道光三十年十二月初五日

大學士卓秉恬等清單　林則徐謚號清单

晉加太子太傅銜原任雲貴總督林則徐謚

文忠　勤學好問曰文　肫誠翊贊曰忠

文襄　勤學好問曰文　因事有功曰襄

文毅　勤學好問曰文　强而能斷曰毅

文肅　勤學好問曰文　身正人服曰肅

陝甘總督琦善奏片

林則徐奏稱雍沙番族勾引果洛克番族搶劫滋擾屬實

再據司道録送通事馬得成王廷美之供内稱
道光二十五年六月署總兵慶和在金羊嶺被
番賊戕害之後經青海大臣調派蒙古及雍沙
番子巡查至八月初五日行至羊克什那地方
見番賊約有三四百人從山北走來該通事等
催令各兵打仗被其殺斃蒙古兵丁一名帶傷
兵丁七八名賊即從雍沙番賊堵禦之東南走
脫顯有通賊情事又據雍沙番賊搭連供稱二
十四五六年間百總凍都嚕曾同伊未到案之
兩子尕路庫啄犛二人及到案之多里吉夥同
果洛克族番子搶刦甘涼營中禿耳馬三次二
十七八九年間果洛克族番每年來往雍沙二

陝甘總督琦善奏片　林則徐奏稱雍沙番族勾引果洛克番族搶劫滋擾屬實　道光三十年

三次不等不知其商議何事各等情可見二十
六年林則徐查辦番案之時奏稱雍沙番族勾
引果洛克賊番搶劫滋擾係屬確而又確惜其
時無人幫辦而該管蒙古郡王又互相隱蔽以
致林則徐獨力難支未能如願實屬失卻機會
今據該通事及番賊俱供出實情不得不附片
陳明謹
奏
另有旨

上諭　著准林則徐入祀雲南名宦祠

咸豐元年七月二十日内閣奉

上諭禮部議奏張亮基等題請原任雲貴總督林則徐入祀雲南名宦祠請旨遵行林則徐歷任封疆均有善政其任雲貴總督時辦理漢回互鬬一案除莠安良邊圉綏靖實屬功在生民宜邀祀典著准其入祀雲南名宦祠該部即遵諭行欽此

大學士管理禮部事務杜受田等奏摺　張亮基等奏林則徐入祀雲南名宦祠名實相副請准入祀

禮部摺　遵議前任雲貴總督林則徐請入祀雲南名宦祠由

奏

隨旨交

七月二十日

太子太傅協辦大學士管理禮部事務臣杜受田等謹

奏為遵

旨議奏事禮科抄出雲南巡撫兼署雲貴總督張亮基會同雲南學政陳慶松題請已故前任雲貴總督林則徐入祀名宦祠一疏奉

旨該部議奏欽此欽遵到部臣等查定例各省題請入祀名宦由部確覈事實倘名實不能相副及僅以人品學問空言譽美並無實蹟者即行指駁以昭慎重其三品以上大員身後題請入祠者由部秉公覆覈政事實蹟並分別公私過失以定准駁專摺具奏等語今該省送到事實冊內開已故前任雲貴總督林則徐福建侯官縣

進士由編修洊至雲貴總督道光二十九年告
病回籍臣等覈其事蹟該故官久任封疆威望
素著所至之地盜戢民安我
皇上御極之初疊次
宣召嗣以力疾從戎歿於王事渥蒙
恩旨優卹並有平素辦事認真不避嫌怨之諭
予謚文忠洵異數也滇省漢回搆禍歷有年所該故
官調集官兵督赴永昌中途一聞彌渡警報即
先行移兵勦辦不但將彌渡匪徒立予殲除且
使保山哨匪震懾軍威悔罪輸誠不敢恃其負
嵎之勢當時奏牘中有云但分良莠不分漢回
良則雖回必保莠則雖漢必誅此數語者實

為辦賊扼要之法是以人人悦服蕆事迅速
既荷
先帝之殊恩實為
聖明所深鑒滇民向苦差徭為設堡局章程擇紳者
經理之自是民無派夫之累至今感誦不衰輪
課五華書院拔其尤者赴署覆試口講指畫優
給筆資士子爭自濯磨文風日上曾於嘉慶己
卯科典試滇中當時號為得士後成進士者十
六人為歷科所未有督署並無幕友事事親裁
吏民莫不悦服良由視民事如家事又復識力
過人去任之日士民臥轍攀轅繪截鐙圖歌詩
以紀之可謂所居民樂所去民思所有已故前

任雲貴總督林則徐題請入祀雲南名宦祠之
處臣等覈其事蹟洵屬名實相副謹擬如該撫
等所請准其入祀名宦祠恭候
命下臣部遵奉施行事關大臣崇祀謹專摺具
奏請
旨
咸豐元年七月 二十 日
太子太傅協辦大學士管理禮部事務臣杜受田
尚書臣惠豐

大學士管理禮部事務杜受田等奏摺　張亮基等奏林則徐入祀雲南名宦祠名實相副請准入祀　咸豐元年七月二十日

尚書臣何汝霖
左侍郎臣聯順
左侍郎臣吳鍾駿（學差）
署左侍郎臣孫葆元
右侍郎臣瑞麟
右侍郎臣曾國藩
二五八六十二

大學士祁寯藻等奏摺　**會議前任御史張廷瑞奏新疆兵餉酌量變通各條多不可行**

臣祁寯藻等跪

奏為遵

旨會議具奏事咸豐元年閏八月初四日伊犁將軍
奕山等奏會議前任御史張廷瑞奏新疆兵餉
酌量變通一摺奉

硃批軍機大臣會同戶部妥議具奏欽此據原奏內
稱准軍機大臣字寄道光三十年二月二十七
日奉

上諭御史張廷瑞奏新疆兵餉請酌量變通一摺新
疆底定幾及百年歲調兵餉百餘萬該御史所奏
屯田宜行開墾宜廣杜奸民之影射改換防之兵
丁於國計民生大有關係著該將軍等將所陳四

條通盤籌畫酌量變通會同妥議具奏欽此當將
該御史原摺彼此閲看往返札商於現在口外
情形有窒礙必不能行者敬爲我
皇上陳之查原奏宜行屯田一條謹查伊犁鎮標額
設綠營兵丁三千名内撥屯田兵二千九十名
城守營兵二百名其餘分派看守城門倉庫堆
撥馬廠並各項差使存營操防者已屬無多實
難再撥墾種烏嚕木齊提鎮兩標額設兵一萬
一千六百餘名分布十八營自三百名至八九
百名不等除屯田兵三千一百一十名南北換
防兵一千七百餘名口外汛地遼闊差務紛繁
各路卡倫軍台軍塘馬廠以及各府州縣城門

堆撥在在需兵實在存營操防者無幾不能再
分屯田吐魯番額設綠營防兵三百名除差操
外難以再撥耕種葉爾羌額設換防綠營兵二
千五百名卡外距外夷不遠操防最關緊要英
吉沙爾額設綠營換防兵一千名所屬五處卡
倫外布魯特部落極多喀什噶爾額設綠營換
防兵三千五百名地處極邊屢次賊匪滋事皆
由該處竄入操防尤為喫緊未便撥兵墾種致
守衛過單恐有疏虞喀喇沙爾庫車和闐每處
換防兵三百名兵數本少不能開屯阿克蘇烏
什各設換防兵一千餘名除分守城汛台卡倉
庫外操演之兵有限亦難再撥種地再查烏什

從前原設換防屯兵因多不諳耕作賠累異常
經前任伊犁將軍布彥泰奏請裁屯改汛地給
回子承種奉
旨允准在案喀喇沙爾兵屯經前任辦事大臣聯順因
兵丁不習屯種奏請裁撤招民承種亦蒙
允准在案吐魯番前有七屯經前任都統廉敬奏請改
屯撤兵另招户民承種烏嚕木齊等處屯兵節
經裁減其地招户另種此皆兵丁不便屯田之
明證也更有陳者兵丁屯田習武斷難兼擅其
長邊徼重鎮密邇外夷勤操尚恐不成勁旅何
敢以有用之兵置無用之地當日大兵剿滅準
夷伊犁烏嚕木齊一帶無處招民開田無地採

買糧食是以移眷兵以實城郭設屯田以代運糧嗣後回疆平定羣回降附並非無人之區所以無須開設兵屯且回疆各城外之地皆回衆承種難以改兵兵回雜處必生衅端越此之外道路窵遠一旦有事徵調不及或當耕耘成熟之時盡棄弗顧則糧與籽種皆爲烏有撥兵屯田之議不獨有礙操防於邊疆重地大有關繫不敢不懇切縷陳之也又所奏開墾宜廣一條新疆一帶重巖疊嶂戈壁壖灘居其大半又因雨澤稀少全賴冬雪融化之山水以及泉水開渠導流方能滋種或因地高水低或因並無泉源拋荒者多所有地土肥沃水草茂盛之地又

皆圈為馬廠查伊犁自乾隆二十五年至道光二十五年除賞給回子地一塊計户不計畝外陸續開成旗民回子田地並綠營兵丁屯田共七十六萬三千二百餘畝每歲收糧十七萬餘石支放滿營官兵口糧及養贍八旗鰥寡孤獨餘皆存倉收銀一萬一千八百餘兩留抵餉銀以及各項公費之用烏嚕木齊自乾隆二十七年至道光二十五年前後共開地一百五十二萬七千餘畝共徵糧十六萬餘石銀一萬一千銀兩除給兵遣牛馬器具籽種口糧餵養外所收之糧皆存倉以備支放各處兵糈之用所徵銀兩亦就近歸於各處支用南路各城回子所

墾納糧之地為數已多近年陸續新開各地又有八十餘萬畝均經奏明或納糧或折交銀錢折作經費在案此外均經查明再無可墾地畝惟有通飭各屬盡心查訪或山陬僻壤人跡罕到之區有水可用即速籌辦斷不畏難苟安以期草萊日闢歲賦日增至原奏宜杜奸民影射一條查伊犁烏嚕木齊一帶開闢之初遷徙甘涼等處農民撥地承種官為定額每戶給地三十畝本係按畝升科又係以水計地如數計某渠之水能墾地若干即按畝安戶若干儻有一戶私墾即須多佔別戶之水彼此涓滴不能相讓必致立時紛爭非如內地之有官河港汊私

塘私井各自引灌者可比是尚不致有影射多
種情弊且歷年挨查各村渠凡畸零散段田頭
地尾水可分溉者皆於節次續開地畝時彙計
水利有餘即行添戶開種按畝升科實無餘地
可以影射現通飭各屬復行嚴查據各詳稱實
在並無種多報少之弊結報前來此後惟有嚴
飭認真查察儻有所種之地浮於交糧之數立
即予以懲辦如別經發覺定將失察地方官參
處再原奏宜變通換防一條查伊犁烏嚕木齊
巴里坤等處居民約有三項一為貿易商民運
販買賣不顧當兵一為耕種戶民俱有家室田
廬不肯遷徙一為無業流民遊手好閒不耐操

作往來靡定亦不願挑兵至回疆各城商民皆係單身全無家屬往來貿易去留無常且多柔懦不願入伍再即隻身遊民到處流蕩懶惰習與性成不但不能習勞且動輒逃避道光十二年巴爾楚克荒地開墾所招皆係隻身無業流民屢招屢逃迄無成效嗣經廢員淡春台等捐招眷民一百餘戶送往該處領地墾種六年之久始行辦成二十五年阿克蘇查出閒荒之地因此等遊民行止無定撥給地畝恐蹈巴爾楚克故轍不得已仍給回子耕種前後皆奏明有案此等流民還就招充回疆重地城外即係回莊無賴之徒不但不諳操防且恐其倚仗兵勢

欺壓回子難保不激生事變種種流弊實難枚
舉此歷屆回疆各城並伊犁等處遊民不能挑
兵入伍一明證也奴才等身受
厚恩畀以邊疆重任每思所以節餉衛邊妥善經久
之計曷敢因循塞責有誤邊防通盤熟籌往復
商論該御史所奏四條惟廣行開墾一條可以
設法辦理奸民籍地影射一條亦嚴飭地方官
隨時訪查其廣開屯田變通換防二條實於邊
地回情多有窒礙應毋庸議等語臣等伏查新
疆南北兩路自入版圖將及百年每歲官兵俸
餉等項需用銀一百餘萬兩歷由內地撥解實
因該處地方遼闊生齒未繁防卡備邊在在均

關緊要是以底定之初
高宗純皇帝不惜帑金分遣重臣統兵鎮守俾萬里窮
荒共登衽席維時度支充裕物力豐饒雖供億
浩繁而庫有餘羨現值經費支絀之時該處一
切兵馬供應鹽糧支銷除屢次開墾所收銀糧
稍資接濟外統計一歲所需其取辦於內地者
仍復不少該前任御史張廷瑞為節省經久起
見所奏行屯田廣開墾杜影射改換防四條意
在變通舊制寓兵於農覈官田以定賦額募土
著而罷客兵所議誠不為無據惟是
國家政體酌古仍宜準今興利必先去害況口外
情形尤非親歷其地者不能周知利弊動合機

宜與其毫無把握漫事更張誠未若循照舊章
而加以整飭之為愈也臣等就該將軍等議覆
各條詳加酌覈再四籌商如屯田宜行一條據
稱伊犂烏嚕木齊兩處除原設有屯田兵五千
二百名外餘皆防守城汛供應差使實在存營
者無幾其餘各城非兵額無多未便派撥即地
居邊要恐有疏虞從前烏什喀喇沙爾等處原
設屯兵不諳耕作屢經奏請裁屯招戶奉
旨允准是兵丁不便屯田之明證兼以務農講武勢難
並舉兵回雜處慮有釁端且道路窵遠則徵調
不便倉猝有事則籽糧盡失似此種種窒礙萬
難舉行既據該將軍等剴切陳明自應如其所奏

所有該御史原議撥兵屯田之處應無庸議惟查
各城額設兵丁自數百名至萬餘名不等原因
邊徼重地用以備緩急而壯聲威今既不分派
耕種自當專事操防應令該將軍都統大臣等
認真訓練飭厲戎行務令技藝夙嫻藉資捍衛
庶於
國家厚費養兵之計方為無負又開墾宜廣一條
據稱新疆一帶重巖疊嶂戈壁堿灘居其大半
又因雨澤稀少全賴導引山泉方能滋種自乾
隆二十五年至今統計各處舊開續開地三百
餘萬畝或納糧或折交銀錢抵作經費此外再
無可墾地畝等語查新疆開墾田地自乾隆嘉

慶年間歷經辦理著有成效道光二十一年以後復經前任將軍布彦泰並

欽派大臣全慶林則徐等陸續墾成地一百四十萬畝均已招戶承種立限陞科是昔之閒荒地畝今已變為膏腴昔之無業遊民今則各安耕鑿草萊既闢歲賦自增經前次查辦之後其為大段荒田盡成熟地已可概見惟該處地方寬廣仍恐訪查尚有未周如或山陬僻壤人跡罕到之區遇有土肥泉甘可資樹藝該將軍等仍應隨時查察設法辦理總期野無曠土歲有贏糧實於

國課民生兩有裨益又嚴杜影射一條據稱開闢

之初農民撥地官為定額以水計地按畝升科
有一戶私墾即須佔別戶之水彼此涓滴不能
相讓凡田頭地尾皆於節次續開地畝時覈計
水利有餘添戶開種實無餘地可以影射等語
查口外一帶雨澤本稀回疆尤甚每值冬雪初
融開渠導流藉資引灌近年開墾以來凡土地
肥沃水泉暢達之區均經該將軍大臣等計戶
授田按畝定賦此外如有私開地畝必致附近
各戶因水紛爭其所稱通飭嚴查並無種多報
少之處尚屬可信第立法必期盡善而防弊尤
恐難周該處土田日闢戶口即因之日增其間
良莠不齊難保無此等奸民希圖一時之利私

行墾種隱匿丁糧應令該將軍等督飭各屬認真稽查遇有地數浮於租數一經發覺立予嚴懲庶奸弊可期永杜而正供亦以無虧又變通換防一條據稱回疆各城商民皆係單身去留無常懦弱不顧入伍再即隻身游民到處流蕩不能習勞動輒逃避還就招充無賴之徒不但不諳操防且恐倚仗兵勢欺壓回子流弊實難枚舉等語查回疆各城換防兵丁向由陝甘兩省及烏嚕木齊等處派往分別三年五年輪班更替每歲約需沿途鹽菜銀一萬三千餘兩當時原因羣回初附地近外夷彈壓撫綏實關緊要是以抽撥內地弁兵分番往戍用以控制邊

境鎮撫夷回立法之初具有深意迄今數十年
來甘涼一帶居民出口謀食者雖屬不乏而未
聞攜有家室流寓回疆是土著之民既無從招
覓即換防之制難輕議變更惟查該御史原奏
內稱風聞此等兵丁大半倩人代替老弱充數
游手好閒是否果有前項弊端未據該將軍等
切實聲覆應請
旨飭下陝甘總督烏嚕木齊都統凡遇挑派此項防
兵必需年力強壯弓馬熟嫻如查有冒名代充
立即予以懲辦如此則營制以肅而換防之舉
亦不至有名無實矣以上各條臣等公同參酌
窒礙者無取更張推行者務求盡利總期養一

兵即得一兵之用餉雖多而不為虛糜墾一畝
即收一畝之租地既廣而自饒儲蓄至於行之
既久户民殷盛倉庫充盈將兵食兩端皆無待
協濟於内地是在該將軍等之實力實心勤加
整頓俾新疆二萬餘里之地盡為財賦之鄉庶
足以仰副
聖主務農振武儲用籌邊之至意所有遵
旨會議緣由是否有當伏乞
皇上訓示遵行再此摺係户部主稿合併聲明謹
奏
咸豐元年九月　十九　日
臣賽尚阿差

臣祁寯藻

臣何汝霖

臣舒興阿差

臣彭蘊章差

臣穆　蔭

臣裕　誠

臣孫瑞珍

臣德　興

臣王慶雲

臣宗室禧恩

臣翁心存

上諭　著准陝西紳民擇地捐建林則徐專祠

咸豐二年二月二十二日內閣奉

上諭張祥河奏紳民請建原任巡撫專祠一摺林則徐前任陝西巡撫任內居官慈惠率屬廉明其籌辦撫賑培植學校嚴懲奸宄諸政蹟均於地方有裨現據該撫奏稱該省西安同州鳳翔等屬紳民公懇建立專祠著准其擇地捐建以表臣績而順民情餘著照所議辦理該部知道欽此

兩江總督怡良等奏片　**林則徐練勇不宜他省編修林汝舟可毋庸帶往**

奏

怡良等片

再臣等於咸豐三年二月十五日承准軍機大

臣字寄咸豐三年正月二十九日奉

上諭據御史王茂蔭奏在籍翰林院編修林汝舟係

原任雲貴總督林則徐之子素諳軍務云云等因欽此

臣等當即欽遵

諭旨恭錄移行藩臬二司敬謹宣傳去後茲據在籍

翰林院編修林汝舟呈稱本月十七日欽奉

恩命跪讀之下感激悚惶莫能名狀伏念汝舟前經服

滿后在請咨進京乃蒙

聖主垂眷先臣

推恩下逮幸不遺棄蔚藉俾勉效夫馳驅厠史館以

簪毫才慙磨盾事戎刀而敵愾志切同袍惟當

勉竭涓埃冀以仰酬
高厚再恭繹
諭旨准將得力練勇一併帶往伏查汝舟父林則徐
於道光三十年告病回籍因福州華夷雜處思
患預防曾經親歷海濱相度形勢諳知長樂連
江等縣濱海口岸其居民多係熟悉沙線慣歷風濤
勸諭以團練聯鄉以作不虞之備該處風俗樸
誠勇敢多有身家不致藉端生事惟遠赴他省
人地不免生疏難期得力是以汝舟父林則徐前
奉
旨馳赴廣西並未帶往現在各安耕漁生業若招募
前往與邊地弗能為良隣此軍餉支絀之時尤未

兩江總督怡良等奏片　林則徐練勇不宜他省編修林汝舟可毋庸帶往　咸豐三年三月十三日

敢虛糜經費可否毋庸帶往之處祇候示遵現
據於本月二十一日由紫起程前赴江蘇聽候差
委等情呈請代
奏前來臣等伏查該員林汝舟之父林則徐所練鄉勇
既與他省人地生疏難期得力似係實在情形自
可毋庸帶往以節糜費所有該員林汝舟據稟
報起程日期臣等謹合詞附片代
奏伏乞
聖鑒謹
奏
咸豐三年三月十三日奉
硃批知道了欽此

光禄寺卿宋晉奏片

密陳請破格編修林汝舟權攝司道等官

再近日江蘇上海等處為土匪相繼擾竄聞蘇
州省城人心甚為遑遽遷徙流離不可言狀緣
督撫兩臣俱帶兵在外舊任藩臬兩司皆素不
協輿情紳民無可依恃以致衆情惶惑爭思遠
徙現計新任藩司陳啟邁已將抵任惟獨力肩
恃撫戢不易臣思前督臣林則徐久任蘇撫惠
澤在民至今人人思慕現其子編修林汝舟特
奉
諭旨在向榮軍營差遣三吳士民因林則徐之故甘
棠之思更復系戀其子且林汝舟久隨父任於
蘇省一切人情利弊皆所熟悉器識亦均不凡
渠係道光十八年戊戌翰林及今已閱十六年

資格亦不為淺可否仰乞
皇上破格
天恩念江蘇地方之重當奸匪紛擾之時首以維繫
人心為本
量行賞加林汝舟頂帶俾權攝司道等官不特於地
方錢糧辦理俱係熟諳即閣省紳民皆感戴
知人善任可以衆志成城除奸匪而靖疆圉矣臣為
蘇省為財賦重地不可動揺且上海尤為辦理
海運門户必須治理得人冀於早日綏靖不揣
冒昧附片密陳謹
奏

上諭　密諭葉名琛設法控制駕馭英軍勿貽後患

軍機大臣　密寄

欽差大學士兩廣總督葉　咸豐七年正月二

十六日奉

上諭本日據葉名琛奏防剿㗭夷水陸獲勝現在夷

情窮蹙一摺㗭夷於上年十一月初七日攻東定

礮臺經我軍擊沈船隻殲斃多名復因該夷放大

欲燒西關民房轉風自燒夷樓巢穴一空並我兵

屢次擊毀該夷輪船又將勾串股匪擊敗該夷屢

經挫衄各國俱知其計窮又因延燒貨物欲令賠

償不肯助逆其勢似已窮蹙此時若專力攻剿原

不難盡殲醜類惟控制外夷究非剿辦內地匪徒

可比所稱該國有嗌咖喇等國與之搆衅不能添

兵來援無論傳聞未可盡信即使實有其事而事平之後豈不慮其稱兵報復從前林則徐誤信人言謂暎咭唎無能為役不妨懾以兵威致開衅端迨定海失後即束手無策前車之鑒不可不知現在各國既知其無理自有公論日後暎國傳聞或不致有所藉口如果該酋自知理屈悔罪求和並罷議進城只可俯如所請以息兵端但不可意存遷就致該夷故智復萌肆行要挾該督久任粵疆熟悉夷情必能設法駕馭操縱得宜勿貽後患朕亦不為遙制至江蘇閩浙等處上年業經諭令該督撫密加防範如有夷船駛至控訴稱寃自當諭令仍回廣東聽候查辦也將此由五百里密諭知

之欽此遵
旨寄信前來

上諭　著禮部議奏御史汪朝棨奏請於江蘇建林則徐專祠摺

同治四年六月初九日內閣奉
上諭御史汪朝棨奏原任雲貴總督林則徐前在江
蘇巡撫任內辦理水災清釐漕政士民深爲愛戴
請援照陝西雲南兩省成案於江蘇省城及蘇州
府城建立專祠並入祀江蘇名宦祠等語著禮部
議奏欽此

三〇

直隸總督李鴻章咨呈　林則徐原奏因卷房坍塌卷宗霉爛檢查無獲咨呈軍機處

直隸總督李鴻章咨呈　林則徐原奏因卷房坍塌卷宗霉爛檢查無獲咨呈軍機處

同治十二年正月二十六日

直隸總督李鴻章咨呈林則徐原奏因卷房坍塌卷宗霉爛檢查無獲咨呈軍機處

同治十二年正月二十六日

太子太保武英殿大學士兵部尚書兼都察院右都御史總督直隸等處地方軍務兼辦通商事務等關防兼理糧餉管理河道兼巡撫事一等肅毅伯李 為

咨覆事案准

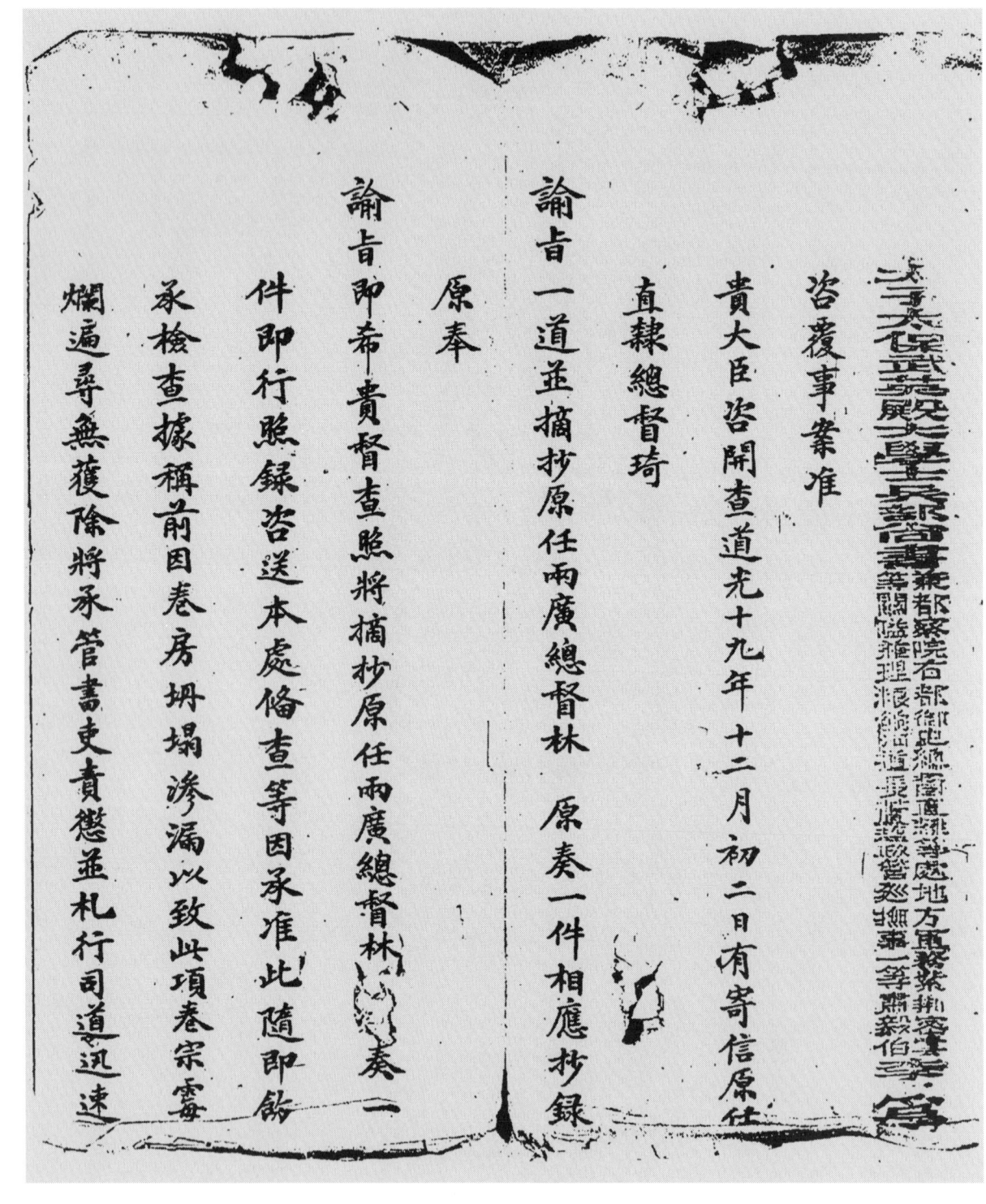

貴大臣咨開查道光十九年十二月初二日有寄信原任

直隸總督琦

諭旨一道並摘抄原任兩廣總督林 原奏一件相應抄録

原奉

諭旨即希貴督查照將摘抄原任兩廣總督林□奏一

件即行照録咨送本處備查等因承准此隨即飭

承檢查據稱前因卷房坍塌滲漏以致此項卷宗霉

爛遍尋無獲除將承管書吏責懲並札行司道迅速

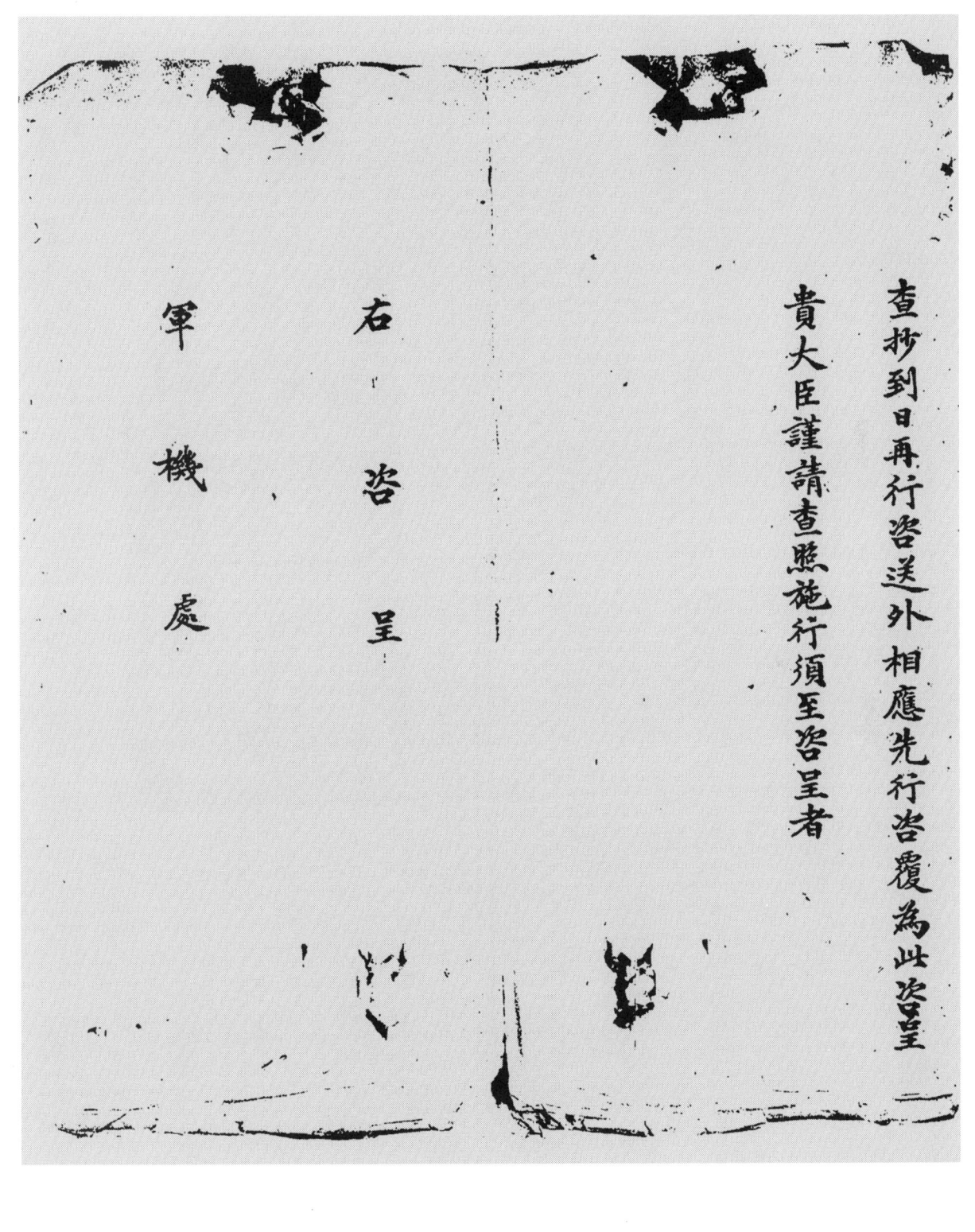

查抄到日再行咨送外相應先行咨覆為此咨呈

貴大臣謹請查照施行須至咨呈者

右咨呈

軍機處

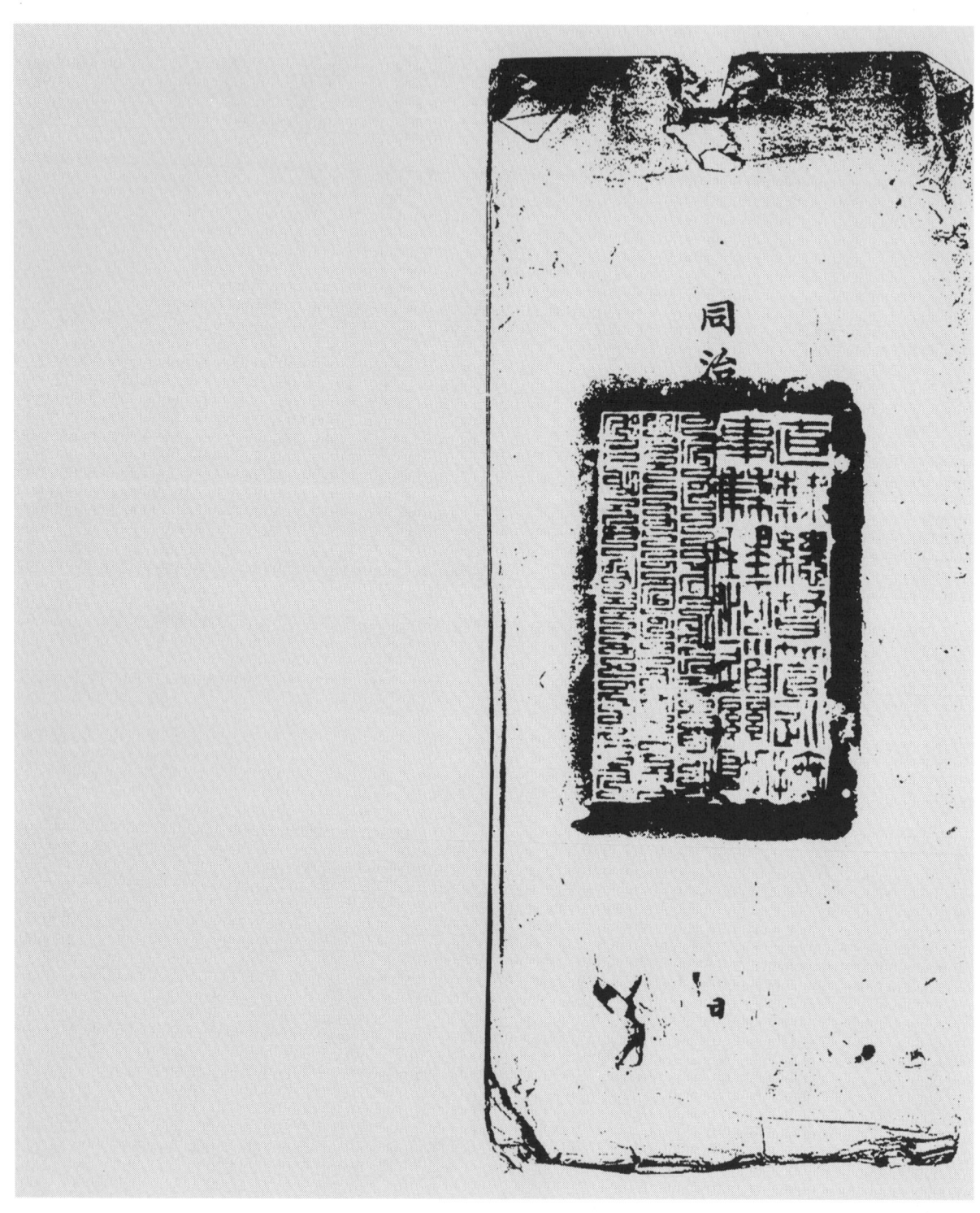

直隸總督李鴻章咨呈林則徐原奏因卷房坍塌卷宗霉爛檢查無獲咨呈軍機處

同治十二年正月二十六日

直隸總督李鴻章咨呈

照録林則徐道光十九年籌議漕務原奏咨呈軍機處

直隸總督李鴻章咨呈軍機處　照録林則徐道光十九年籌議漕務原奏

同治十二年三月初九日

太子太保武英殿大學士[illegible]一等肅毅伯李　為

咨送事案查前准

貴處咨抄道光十九年原任兩廣總督林　陳奏籌議漕務四條內請於直隸天津等府可作水田之地興辦水利原奏等因承准此當因本閣爵部堂衙門卷房坍塌滲漏此項卷宗霉爛即經分札司道迅速查抄並先咨明在案茲據天津道丁壽昌錄送前來相應照錄咨送為此咨呈

貴大臣謹請查照施行須至咨呈者

計咨送照錄原奏清摺一扣

右咨

呈

直隸總督李鴻章咨呈　照録林則徐道光十九年籌議漕務原奏
咨呈軍機處　同治十二年三月初九日

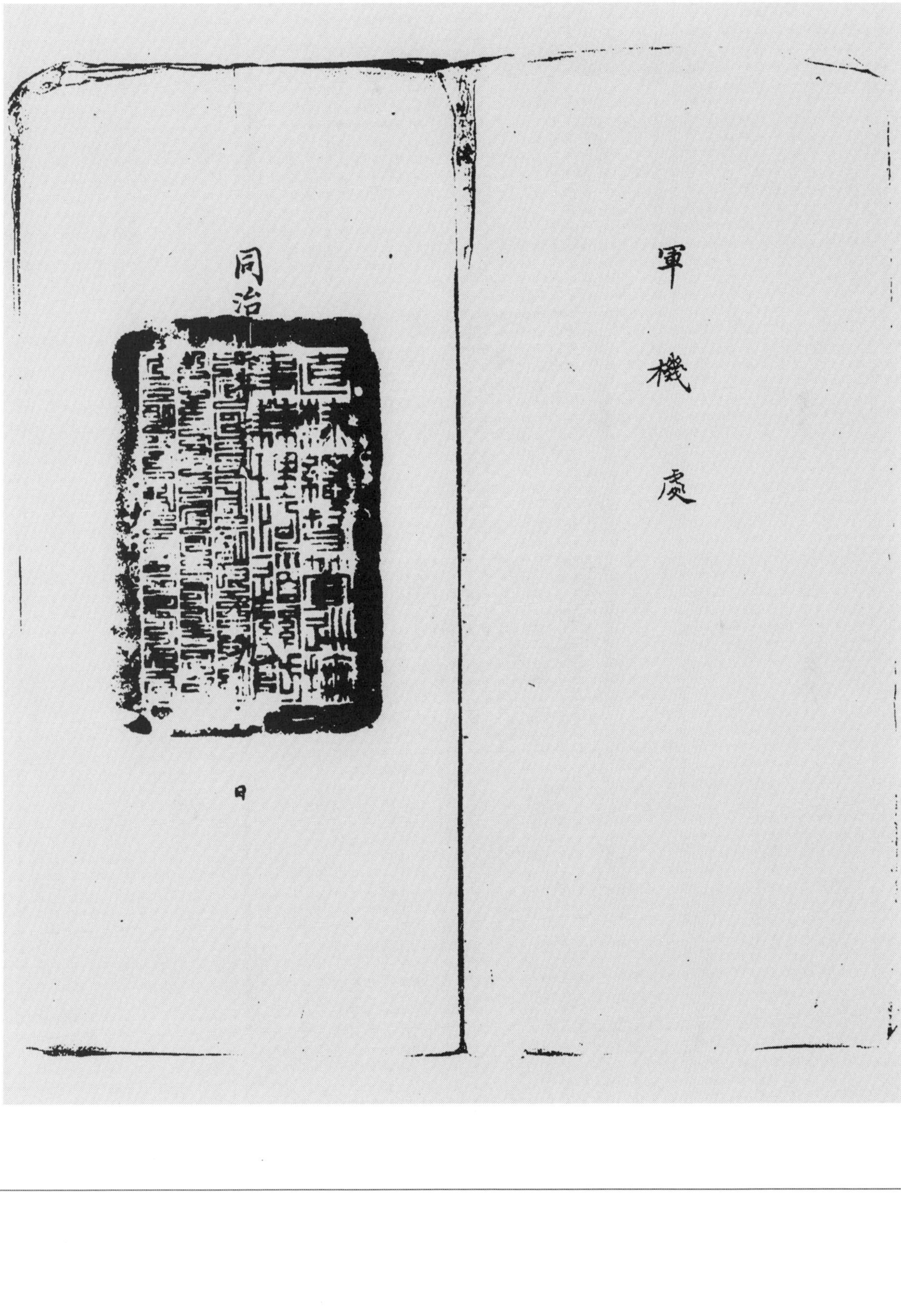
軍機處

同治　　日

直隸總督李鴻章咨呈　**照録原任兩廣總督林則徐籌議漕務原奏**

照錄兩廣總督林 原奏

一議本源中之本源臣愚竊維
國家建都在北轉粟自南京倉一石之儲常糜數石之費奉行既
久轉輸固自不窮而經
國遠猷務為萬年至計竊願更有進也恭查雍正三年
命怡賢親王總理畿輔水利營田不數年墾成六千餘頃厥後功雖未
竟而當時至有明証至今論者慨想遺踪稱道勿絶蓋近畿
水田之利自宋臣何承矩元臣托克托郭守敬虞集明臣徐貞
明邱濬袁黄汪應蛟左光斗董應舉輩歷歷議行皆有成績
國朝諸臣章疏文牒指陳直隸墾田利益者如李光地陸隴其朱
軾徐越湯世昌胡寶泉柴潮生藍鼎元皆詳乎其言之以臣所
見南方地畝狹於北方而一畝之田中熟之歲收穀約有五石則

為米二石五斗矣蘇松等屬正耗漕粮年約一百五十萬石果使原
墾之六千餘頃修而不廢其数即足以當之又嘗統計南漕四
百萬石之米如有二萬頃田即敷所出倘或歲功不齊再得一
倍之田亦必無虞短絀而直隸天津河間永平遵化四府州可作
水田之地聞頗有餘或居窪下而淪為沮洳或臨海河而延為葦
蕩若行溝洫之法似皆可作上腴臣考宋臣郝亶郟喬之議謂治
水先治田自是確論直隸地方若俟衆水全治而後營田則無
成田之日前於道光三年舉而復輟職是之故仿雍正年間成
法先於官蕩試行興工之初自須酌給工本若墾有成效則花息
年增一年譬如成田千頃即得米二十餘萬石或先酌改南漕
十萬石折徵銀兩解京而疲幫凡運之船便可停造十隻此後
年收此米若干概令蠲其一半之数折徵南漕以為歸還原墾工

本及續墊佃力之費行之十年而蘇松常鎮太杭嘉湖八府州
之漕皆得取給於畿輔如能多多益善則南漕折徵歲可数
百萬兩而粮船既不須起運凡漕務例給銀米所省當亦稱是
且河工經費因此更可大為撙節

上諭 著李鴻章查照林則徐條奏畿輔水利原奏體察情形酌度辦理

軍機大臣 字寄
大學士直隸總督一等肅毅伯李 同治十二
年四月初二日奉
上諭前據大理寺少卿王家璧奏請飭查林則徐條
奏畿輔水利原摺妥議籌辦並陳疏濬溝洫事宜
各摺片畿輔水利雍正年間曾墾田數千頃原任
兩廣總督林則徐疏請仿照成法試行謀畫深遠
近年直隸河患頻仍若以治田者治水果能辦有
成效於國計民生實有裨益著李鴻章查照林則
徐原奏體察情形酌度辦理原摺片著抄給閱看
將此諭令知之欽此遵
旨寄信前來

御史汪朝棨奏片　請將林則徐於江蘇建立專祠並入祀江蘇名宦祠

隨旨交

汪朝棨片

再太子太傅銜前任雲貴總督林則徐前巡撫
江蘇時賑濟災民修築河防約束幫丁裁汰冗
員清釐獄訟倡捐海塘講求鹽務水利整飭倉
庫錢糧察吏練兵愛民養士迥非近時霸術治
民者可比蒙
宣宗成皇帝手詔褒美有公勤誠實始終如一之諭其
政蹟備詳
國史列傳臣亦無須贅述其最得民心者則在乎
辦理水災清釐漕政兩大端至今江蘇士民謳
思不置即童穉婦女猶能稱述其善政甚至城
隍土地皆託為林文忠公之神則民心亦大可
見矣查林則徐歷任湖廣兩廣兩江陝甘雲貴

總督所至以德政聞其辦理雲南漢回構釁之
案剿撫兼施膚功迭奏曡次蒙
宣宗成皇帝諭旨獎勵
賞加太子太保銜花翎迨
文宗顯皇帝御極之初廣西賊匪滋事
特授為
欽差大臣馳赴廣西剿賊粵賊聞林則徐之將至也即
有投戈歸順之意嗣因行次廣東潮州府病故
是以賊勢仍張蔓延東南數省勞師十餘載而
始滅
朝廷飾終之典業已贈太子太傅銜照總督例
賜卹予謚臣伏查咸豐元年雲南巡撫張亮基奏請將

林則徐入祀雲南名宦祠咸豐二年陝西巡撫
張祥河奏請將林則徐在陝西省城建立專祠
先後奉
旨允准在案因思林則徐為江蘇督撫時其德政尤甚
於陝西雲南江蘇士民被其德者較陝西雲南
士民為尤深功在生民允宜特隆祀典以報前
勳相應請
旨援照陝西雲南兩省成案將太子太傅銜前任雲
貴兩江總督林則徐於江蘇省城及蘇州府城
建立專祠並入祀江蘇名宦祠以隆報享而順
輿情俾封疆大吏知為政以得民心為首重而
恃功朘民之輩其亦聞而滋愧矣臣為表揚臣

節以順民心起見是否有當謹附片具奏伏乞

聖裁定奪謹

奏

光緒八年六月初三日內閣奉

上諭侍郎夏家鎬等奏藎臣遺愛在民援案請建專祠一摺已故欽差大臣署廣西巡撫林則徐前在江甯布政使任內時值該省水災試辦倡捐煮賑等事迨升任江蘇巡撫推廣於蘇松各屬並以上元等處被祲尤深請帑賑濟復選任賢員悉心拯救民困獲蘇其辦理文闈監臨釐剔弊端著為成法平日緝拏匪徒摘發如神洵屬惠政及民著准其於江甯地方建立專祠以彰藎績該部知道欽此

兩江總督左宗棠奏摺　**請將陶澍林則徐於江寧省城合建專祠以彰藎績**

奏

三〇　兩江總督左宗棠奏摺　請將陶澍林則徐於江寧省城合建專祠以彰藎績

光緒九年正月二十二日

太子太保大學士兩江總督二等恪靖侯加一等輕車都尉臣左宗棠跪

奏為已故督撫遺澤在民籲懇

天恩俯准合祠致祭以彰藎績而慰羣情恭摺仰祈

聖鑒事竊據江甯布政使梁肇煌詳據江甯府知府

趙佑宸詳據金陵紳士候選知縣舉人汪士鐸

等稟稱恭閱邸鈔光緒八年六月初三日奉

上諭侍郎夏家鎬等奏藎臣遺愛在民援案請建專

祠一摺已故欽差大臣署廣西巡撫林則徐前在

江甯布政使任內時值該省水災試辦倡捐煮賑

等事迨升任江蘇巡撫推廣於蘇松各屬並以上

元等處被祲尤深請帑賑濟復選任賢員悉心拯

救民因獲蘇其辦理文闈監臨釐剔弊端著為成

兩江總督左宗棠奏摺　請將陶澍林則徐於江寧省城合建專祠以彰蓋績
光緒九年正月二十二日

法平日緝拏匪徒摘發如神洵屬惠政及民著准
其於江甯地方建立專祠以彰蓋績該部知道欽
此伏思林則徐由江甯布政使升任江蘇巡撫
時值陶澍總督兩江於一切
國計民生和衷共濟實有古大臣風而陶澍莅任
十年之久勳業事績史策昭垂當日德教沛然
感人甚深惠政甚溥追懷遺澤民不能忘現在
林則徐既經侍郎夏家鎬等奏奉
恩旨建立專祠所有陶澍與林則徐同時事功如一
擬請
奏明合祠致祭以彰崇報等情前來臣查陶澍之
督兩江也於地方應辦事宜如籌漕運整鹾綱

修水利、立學校、諸大端皆次第施行、當議改兩
淮鹽法之時、震撼危疑、異論蜂起、卒能堅持定
見、救弊扶衰、上荷
宣宗成皇帝鑒諒允行、成效昭著、尤為時論所推重、其
時林則徐任江蘇巡撫、該前督臣與之籌創海
運、興修水利、整飭鹽務、辦理荒政、推求至當、彼
此和衷共濟、措正施行、論者謂其規模宏遠、條
理縝密、志同道合、有非尋常所能窺測擬議者、
當時名業爛如、至今談者猶深慨慕、臣忝司疆
寄、距二臣在位已五十餘年、而流風善政猶存、
輒不勝景行仰止之慕、查陶澍曾奉
飭建專祠於淮北之板浦場、江甯紳民祀之省城惜陰

書院並奉
旨於省城地方建立專祠兵燹祠燬克復後修建書院
奉主以祀茲據該紳士等追思陶澍林則徐遺
愛維同籲請於省城新造東街建祠請並祀兩
臣情詞懇切合無仰懇
天恩俯准將陶澍與林則徐在於江甯省城合建專
祠春秋致祭以彰藎績而順輿情除將送到陶
澍政績清册咨部查覈外謹會同江蘇巡撫臣
衛榮光恭摺具陳伏乞
皇太后
皇上聖鑒訓示謹
奏

兩江總督左宗棠奏摺　請將陶澍林則徐於江寧省城合建專祠以彰藎績
光緒九年正月二十二日

前准於江甯省城建立林則
徐專祠今據奏請以陶澍
與林則徐合祠致祭此二臣
光緒九年正月二十二日
勳勞事業彪炳一時生則合
志同方沒則並隆俎豆禮
亦宜之著准其合祭以慰輿
情
陶澍之督兩江也其政績以整
頓鹽務爲最然淮鹽改票止行之
淮北而不及淮南蓋有深意存
焉朕眷懷江表緬想老成其與林則徐合

兩江總督左宗棠奏摺　請將陶澍林則徐於江寧省城合建專祠以彰藎績

光緒九年正月二十二日

祠以彰崇報

後記

中國第一歷史檔案館是明清中央政府和皇室生活檔案的保管基地。福建是林則徐的故鄉，在林則徐資料收集、研究、出版方面著力尤深。二〇一四年，在林則徐基金會和福建省林則徐研究會的動議下，中共福建省委宣傳部決定撥出經費，出版林則徐檔案文獻。經協商，確定由中國第一歷史檔案館與福建省林則徐研究會、海峽文藝出版社合作，將中國第一歷史檔案館所藏林則徐相關檔案，包括上諭、奏摺、奏片、題本、咨呈等，按照檔案形成的時間及文種，先後編次，擬定標題，由海峽文藝出版社立項，影印出版。

按照編纂分工，中國第一歷史檔案館組成課題組，負責檔案選材整理、擬定目録、制定凡例和後期審核，福建省林則徐研究會、海峽文藝出版社負責擬寫前言、編輯加工、文件核對、分册編排。編輯過程中，對重復或有疑問的檔案史料及部分檔案具奏時間的考訂，由三方結合檔案文書制度及史實進行討論確認，以確保本書的嚴謹與準確。

本項目原為紀念林則徐誕辰二百三十周年，計劃於二〇一五年付梓面世，但由于檔案規模龐大、考證繁瑣、查檔費時、項目成員調動等多種原因，出版進度略有推遲。全書分三批依次出版，第一批一至一〇册，於二〇一六年出版；第二批一一至二〇册，於二〇一七年出版；第三批二一至三〇册，於二〇二〇年出版。各方精誠團結，通力合作，基本堅持了編纂及分工原則，始克厥功。福建省林則徐研究會顧問陳錚先生在聯絡協調方面頗費心力，專此致謝。

本書是中國第一歷史檔案館館藏有關林則徐檔案的總匯，具有重要的文獻價值及史學價值，在編輯出版過程中，不斷得到學術界的肯定。其中第一、第二兩册在福建省社會科學界聯合會立項成功，一一至二〇册、二一至三〇册，分別列入國家出版基金項目。出版以後，一至一〇册，獲得了第二十六届華東六省文藝圖書獎一等獎、第六届中華印製大獎優秀獎。本書還獲得了海峽出版發行集團的配套資助。

因檔案浩繁，時間倉促，本書在編纂上難免疏漏，敬請方家、讀者批評指正。

《清宮林則徐檔案匯編》編委會

二〇二〇年三月

圖書在版編目（CIP）數據

清宫林則徐檔案匯編. 30 / 中國第一歷史檔案館　福建省林則徐研究會　編. —福州：海峽文藝出版社，2020.3

ISBN 978-7-5550-2121-6

Ⅰ. ①清…　Ⅱ. ①中…②福…　Ⅲ. ①林則徐（1785~1850）—檔案資料—匯編　Ⅳ. ① K827=52

中國版本圖書館 CIP 數據核字（2019）第 265460 號

清宫林則徐檔案匯編　30

中國第一歷史檔案館　福建省林則徐研究會　編

責任編輯　陳　婧
美術編輯　劉小岳
出版發行　海峽文藝出版社
經　　銷　福建新華發行(集團)有限責任公司
社　　址　福州市東水路 76 號 14 層　**郵編**　350001
發 行 部　0591-87536797
印　　刷　福建新華印刷有限責任公司　**郵編**　350011
廠　　址　福州市福新中路 42 號
開　　本　889 毫米 × 1194 毫米　1/16
字　　數　700 千字
印　　張　32
版　　次　2020 年 3 月第 1 版
印　　次　2020 年 3 月第 1 次印刷
書　　號　ISBN 978-7-5550-2121-6
定　　價　300.00 元